JN276765

家庭でできる
おいしい
ブドウづくり
12か月

大森直樹

家の光協会

はじめに

私は、いま、岡山県で果樹専門の苗木屋を営んでいます。

かつて園芸業界にガーデニングブームが起きる前、それに先立つかたちで、私の営む山陽農園では、3000坪のガーデンセンター（オープンガーデン）を開店。同時に、果樹だけでなく、草花や植木、種子、球根も取り扱い、また、素焼き鉢、とくにテラコッタを地方としてはかなり早い時点で取り扱い、販売を行っていました。しかし、その後のブームと同時に起きた量販店との競争に嫌気が差し、すべてを捨てて、ふたたび果樹苗木の世界に戻ってきました。

それを機に、派手でなくてもいいから、果樹だけでなくそのほかの植物も含めた、植物と人々が生活圏を共有できる趣味園芸や庭づくりのサポートをしていきたいと考えていましたが、縁あって十数年前から、家庭果樹の栽培について人前でお話をしたり、生産者向けに栽培指導をする機会が増えるようになりました。

*

昨今、果樹の世界では、栽培面における技術革新が進んでいます。それは、時として大きな利益をもたらす反面、陰の側面も生み出しているように思います。たとえば、本書のテーマであるブドウの栽培では、ホルモン剤の使用が浸透しています。それによって、商品価値の高いタネなし（無核）で、大玉のブドウが容易につくれるようになりました。一方、そのことでブドウが本来もっていた味が消し去られているのではないか、と思わざるをえません。

もちろん、私はホルモンによる処理を否定しているわけではありません。ホルモン処理はあくまで花ぶるいを抑え、結実を安定させることを目的に使用するにとどめ、無核・肥大を目的とした利用はできるだけ控えるべきだと考えているのです。とくに、一般家庭で趣味としてブドウづくりをする場合は、なおさらではないでしょうか。

*

本書は、そうした趣味園芸でブドウをつくりたい、あるいは、すでにチャレンジされている方々に向けたものです。内容的に、専門的な言葉や表現を使ったり、いささか細かすぎる解説をしているところもあるかもしれません。一見、難解そうに見えますが、しかし、本書を参考に、植えつけから1年、2年、3年と、自分の目で確かめながら作業をすることで、かならずご理解いただけることと確信しています。

紀元前から栽培され、一説には1万を超える品種数があるといわれるブドウ。収穫直前に美しく光る果粒はまるで宝石のような美しさです。また、もぎたての新鮮な果粒は驚くほどのおいしさです。また、近頃では、グリーンカーテンとしての利用も注目されています。ぜひ、目的に合わせて、お気に入りの品種を探して、栽培を楽しんでみてください。

2012年9月

大森直樹

CONTENTS ［もくじ］

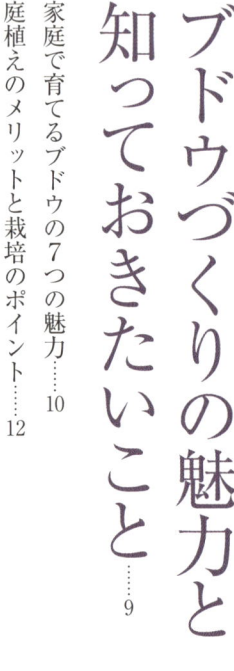

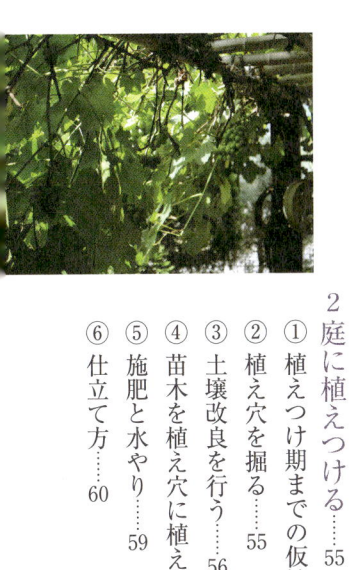

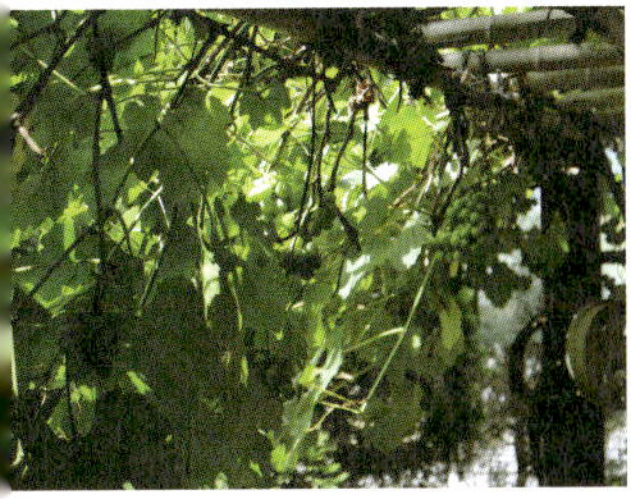

第3章

おいしいブドウ栽培 パート1 ～苗選び・植えつけ・仕立て～……45

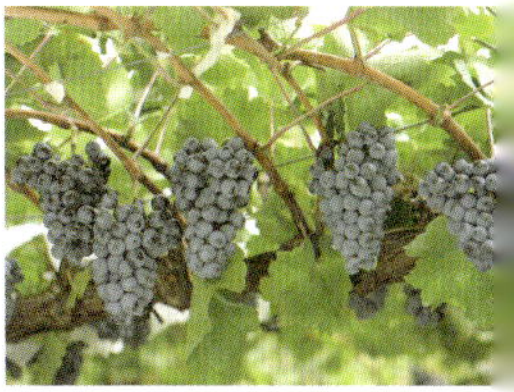

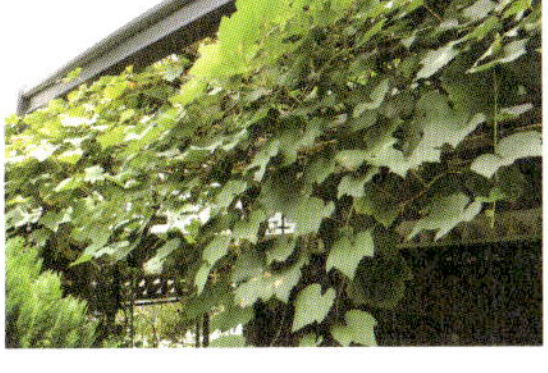

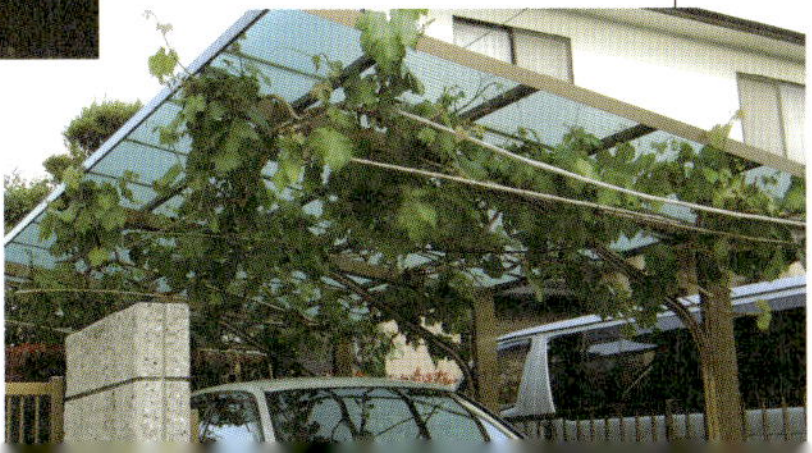

第4章

おいしいブドウ栽培 パート2 ～生育に合わせた12か月の作業～

自家製ブドウの楽しみ方

本書をご利用するにあたって

ブドウの生育時期や作業時期などの**栽培カレンダーは関西地方・平野地を基準**にしてあります。栽培カレンダーは、南関東地方で半月～1か月遅れで、それより北の地方は地域差を考慮したうえでご利用ください。

＊

第2章の「おすすめのブドウ品種」の品種名下に記されている**難易度**☆☆☆マークは、育てやすさの目安です。
☆1つは初心者にも簡単なことを表し、☆が2つ、3つと多くなるごとに、育て方がむずかしくなっていくことを表しています。
また、**ブドウ糖度**は度数で表しています。甘さの実感としては、自分が好きなブドウ、たとえば巨峰が好きな場合、糖度は18～19度ですから、巨峰のそれと比べて他の品種の糖度をご判断してください。

＊

「ブドウ栽培に関する用語解説」を16～18ページにまとめました。よくわからない専門用語などが出てきたときは、辞書代わりに参照してください。

＊

本書では、農薬の登録や失効が随時更新されるため、病害虫の防除対策での具体的な薬剤名は省略しています。薬剤をご使用になる場合は、登録のある薬剤を使い、また各地域の「病害虫防除基準」を参考にしながら、慎重にご利用ください。
なお、農薬の登録・失効の農薬情報については、独立行政法人農林水産消費安全技術センター（ＦＡＭＩＣ）のホームページから検索することができます。

ＵＲＬ
http://www.acis.famic.go.jp/index_kensaku.htm

第1章

ブドウづくりの魅力と知っておきたいこと

雨よけさえきちんとすれば、これほど簡単な家庭果樹はないといわれるブドウ。庭がなくても、鉢植えで立派に育ち、しかも、夏は窓を覆いつくす〝グリーンカーテン〟にもなります。ブドウづくりを始める前に、まずはブドウの魅力と押さえておきたい基礎知識を紹介していきましょう。

01 家庭で育てるブドウの7つの魅力

1 日本中のどこでも栽培できる

ブドウは、気候や土質に対する適応力が高いので、品種が非常に多いのが特徴です。また、ブドウ栽培地域の平均気温は12～16℃くらいですが、東北地方や北海道などの寒冷地でもブドウは栽培されています。

北海道余市町周辺などで広く栽培されている「ナイヤガラ」をはじめ、耐寒性の強い品種が多くあり、地域に合った品種を選ぶと、日本中のどこでも栽培することができます。

2 手間をかけずに育てられる

ブドウは高級果物のイメージが強いのか、家庭でつくるにはむずかしい技術が必要と思われがちです。

しかし、ブドウは、花がたくさん咲き、人工授粉不要の自家受粉性の果樹です。実をならせるだけなら、ほかの果樹に比べて比較的簡単にできます。

3 庭がなくても栽培できる

ブドウの枝は1年で10m以上も伸びます。庭植えで育てるときは、しっかりした平棚が必要となります。

しかし、鉢植えにすると、根の広がり（根域《こんいき》）が抑制され、1年で伸びる枝の長さはかなり制限されるので、平棚を設置しなくてもコンパクトに栽培できる、というわけです。

欧米のワインブドウ畑は、高さ1mぐらいの樹にブドウの房が鈴なりになって広がっています。それを家庭向けに効率的でコンパクトにしてやればよいのです。

たとえば、接《つ》ぎ木一年生苗木を横長90㎝のコンテナや大きめの素焼き鉢で育てると、植えつけ3年目には庭植えに劣らない立派なブドウが収穫できます。

4 仕立て方を自由に変えられる

一般の家庭で育てる場合、スペースは限られています。しかし、ブドウは庭スペースに合わせて、どのような形にでも仕立てられます。「棚仕立て」ばかりでなく、主幹を切って樹高を低くし、主枝を2本にする「一文字仕立て」「垣根仕立て」などいろいろな仕立てができます。

鉢植えでも「棒仕立て」「トレリス仕立て」「あんどん仕立て」などがあり、家のスペースや実の収穫したい量に応じて、樹形を自由に仕立てることができます。

5 品種が豊富で好みが見つかる

ブドウは世界中に1万以上もの品種があります。その中で実際に栽培されているのは一部だけですが、黒・赤・青と品種は多彩です。味わいも品種ごとに違うので、自分好みのブドウが見つかるはずです。

6 新鮮でおいしい完熟果を味わえる

市販されているブドウは、完熟する前に現地で収穫され、輸送されて店頭に並べられます。

その点、果実の生長を毎日観察できる家庭ブドウでは、完熟のピーク時に収穫でき、新鮮なうちに食べることができます。そのおいしさは、何物にも代えられません。

7 グリーンカーテンとして利用できる

最近の夏の節電対策で、植物を利用して日陰をつくるグリーンカーテンが広まっています。仕立て方が自在で夏に大きな葉を茂らすブドウは、まさにグリーンカーテンに打ってつけです。ゴーヤーやアサガオといっしょに、軒下やベランダで育ててみてはいかがでしょうか。

02 庭植えのメリットと栽培のポイント

1 根を広げると収穫量が増える

一般的に、植物の地上部における樹冠の大きさは、地下部の根の広がりとほぼ同じ大きさです。

ブドウの場合も、地上部にどれくらい広い空間があるかよりも、地下部の根がどれだけ蔓延することができるかによって、地上部の樹冠の大きさが決まります。根の量（根域）を多く確保できればできるほど、1本の樹で埋め尽くされる空間は広くなり、それだけ収穫量も増えます。

現在、私が栽培しているものを例にすると、1本で平棚仕立ての場合、約30坪の面積を埋め尽くします。品種にもよりますが、3年目からブドウ２００kgの収穫が可能です。

2 質の高い土壌を整える

ブドウの根は、土壌の奥深くに伸長するだけでなく、地面から約20～50cm程度の浅い部分に広がっています。したがって、その程度の深さの土壌がカチコチにかたくては、根も気持ちよく張ることができません。

良質の土壌に改良することは、ブドウ栽培では植えつけ時には無論のこと、植えつけ後も毎年行わなければならない大事な作業になります。

質の高い土壌条件を維持しておくと、少々の気象変動にも耐えうるだけの力が樹に備わり、樹は伸長を続け、毎年の収穫も安定し続けます。

3 水やりの回数は少なくてOK

毎日、灌水《かんすい》する鉢栽培に比べると、まったく不要なわけではありませんが、庭植えの灌水は10分の1程度の回数で十分です。

ただし、庭植えといっても、温室やビニールハウスのように雨がまっ

たく当たらない環境で栽培する場合には、灌水量も鉢栽培の3分の1程度の回数は必要となります。

4 雨よけ対策はしっかりと

樹全体を雨から守ることで、雨に含まれる病原菌が感染するのを防ぐとともに、雨の水分によってもたらされる根の伸長、ひいては枝の伸長をコントロールすることが可能になります。

樹全体を温室やビニールハウスなどで覆い尽くすことができない場合には、果実が雨に当たらないように最低限のことをしてやります。

袋かけをすることや、結果枝の発生している部分から果実がついている部分だけを覆うといった方法で病害から防ぐことは可能です。

03 鉢植えのメリットと栽培のポイント

1 根域と樹形をコントロールできる

鉢で育てるということは、根が広がる領域が制限されるということです。逆にいうと、根が広がっていく領域をコントロールでき、そのため無駄な水やりや過剰な施肥を抑えることができるのです。

トレリス仕立て

また、庭先や軒下、ベランダなど限られた空間で栽培を行う場合、鉢植えであれば、樹形はコンパクトにまとめることができるので、育てるスペースは庭植えよりも小さくてすみます。

2 水やりはこまめにたっぷりと

鉢栽培では土の体積が限られているので、庭植えとは逆に水やりはこまめにやる必要があります。鉢土の表面が乾いたら、鉢底から水が流れ出るくらい、たっぷりと与えます。

こうすることで、土の中の古い空気を追い出し、新鮮な空気を新たに送り込み、また、根が分泌した不要な有機物を洗い流し、土の状態をきれいに保つことができます。

3 突然の雨でもすぐに移動できる

ブドウは極端に雨を嫌う植物です

棒仕立て（右）とあんどん仕立て

が、昨今の天候にみられるゲリラ豪雨など、庭植えではビニールハウスやガラス室を備えておかないと雨を防ぐことはできません。

　しかし、鉢栽培であれば、突然の雨でも雨の当たらない軒先や屋内に持ち運ぶことができます。

　また、西日の強い夏の午後などは、樹を休ませるため、日陰になるところへ移動させてやることもできます。

　ブドウの生育にとって都合のよい場所につねに置いてやることができるのが、鉢植えの大きな魅力の一つです。

4 2年間は樹の体力づくりに集中

　鉢で根域や樹冠をコントロールできるということは、逆にいえば、それだけ樹にストレスを与えている、といういい方もできます。

ショコラ仕立て、別名「月の輪熊」仕立て

　元来、自家受粉性で花をつけやすい果樹だけに、ストレスがかかるとよけいに「樹をつくる栄養生長」から「花を咲かせ、実をつけて子孫を残そうとする生殖生長」への移行が早くなり、庭植えに比べて結実は早まります。

　ただし、植えつけ2年間はたとえ花が咲いたとしても、結実させずに、強健な樹の体力づくりを重点にした管理をします。それは幼いうちに結実させると、樹が早く弱ってしまい、枯れてしまう原因になるからです。

　1～2年間はスリット鉢（直径30㎝）に植えつけ、3年目に大きな鉢に定植すると、安心して結実させ、収穫することができます。

5 庭植えより土づくりが楽

　ブドウ栽培では質の高い土壌を整えるのが重要ですが、庭植えの土壌改良は大仕事です。とくに私が住んでいる山陽地方のような花崗岩の砂《さ》礫《れき》土壌地域では、土壌改良は至難の技で、この場合、土木用のショベルカーなどを使って作業を行います。

　その点、鉢栽培であれば、土壌は苗の植えつけ前にいろいろ混ぜた培養土を鉢に入れるだけなので、作業量は雲泥の差で楽になります。

ブドウ栽培に関する用語解説

本書では、できるかぎり一般的な言葉で説明するようにしていますが、正しく理解していただくためには、どうしても専門用語を使わざるをえないところがあります。そのため、ここでは主な専門用語を挙げ、解説をしています。

樹と枝と根

［**主幹**《しゅかん》］　一般的に幹といわれ、樹冠の中心となる主枝を支える。

［**主枝**《しゅし》］　樹の骨組みの基本となる、もっとも太い枝。

［**亜主枝**《あしゅし》］　主枝の次に太い枝。主枝から発生し、主枝に次いで樹形の骨組みをつくる枝。

［**側枝**《そくし》］　主枝や亜主枝から発生する枝で、亜主枝の次に太い枝。結果母枝や結果枝をつける枝。

［**結果母枝**《けっかぼし》］　混合花芽（1つの芽から花と葉枝をともなう）をつける種類では、花芽《かが》をつけている枝を結果母枝という。あるいは結果枝を出す枝。種枝《たねえだ》とも呼ばれ、結果枝を生み出す枝。

［**結果枝**《けっかし》］　花芽をもった枝で、やがて開花結実する枝、あるいは果房、果実をつける枝。

［**新梢**《しんしょう》］　前年に伸びた枝から春に発芽して伸びだした枝で、果房をつけるものとつけないものとがある。

［**副梢**《ふくしょう》］　2番枝ともいう。新梢から2次的に発生する枝。

［**登熟**《とうじゅく》］　伸長した新梢の組織ができあがり、休眠後も寒さで枯れにくくなった状態の枝の様子。

［**樹勢**《じゅせい》］　新梢の生長が旺盛なものを樹勢旺盛または樹勢が強い、生長の比較的鈍いものは樹勢が弱いという。

［**徒長枝**《とちょうし》、**発育枝**《はついくし》］　果実をつけず、ある程度長く伸びる枝のことを発育枝。なかでもとくに長く、強く伸びる枝を徒長枝という。

［**摘芯**《てきしん》］　枝の先端や頂芽を摘み取り、若い枝の伸びを抑える。あるいは、わき芽を出させる。

［**根鉢**《ねばち》］　育苗スリット鉢や植木鉢などから株を抜いたとき、鉢の形のままの根域部が現れるが、それを根鉢という。

花と果実

［**腋花芽**《えきかが》］　葉の付け根に出る花芽。

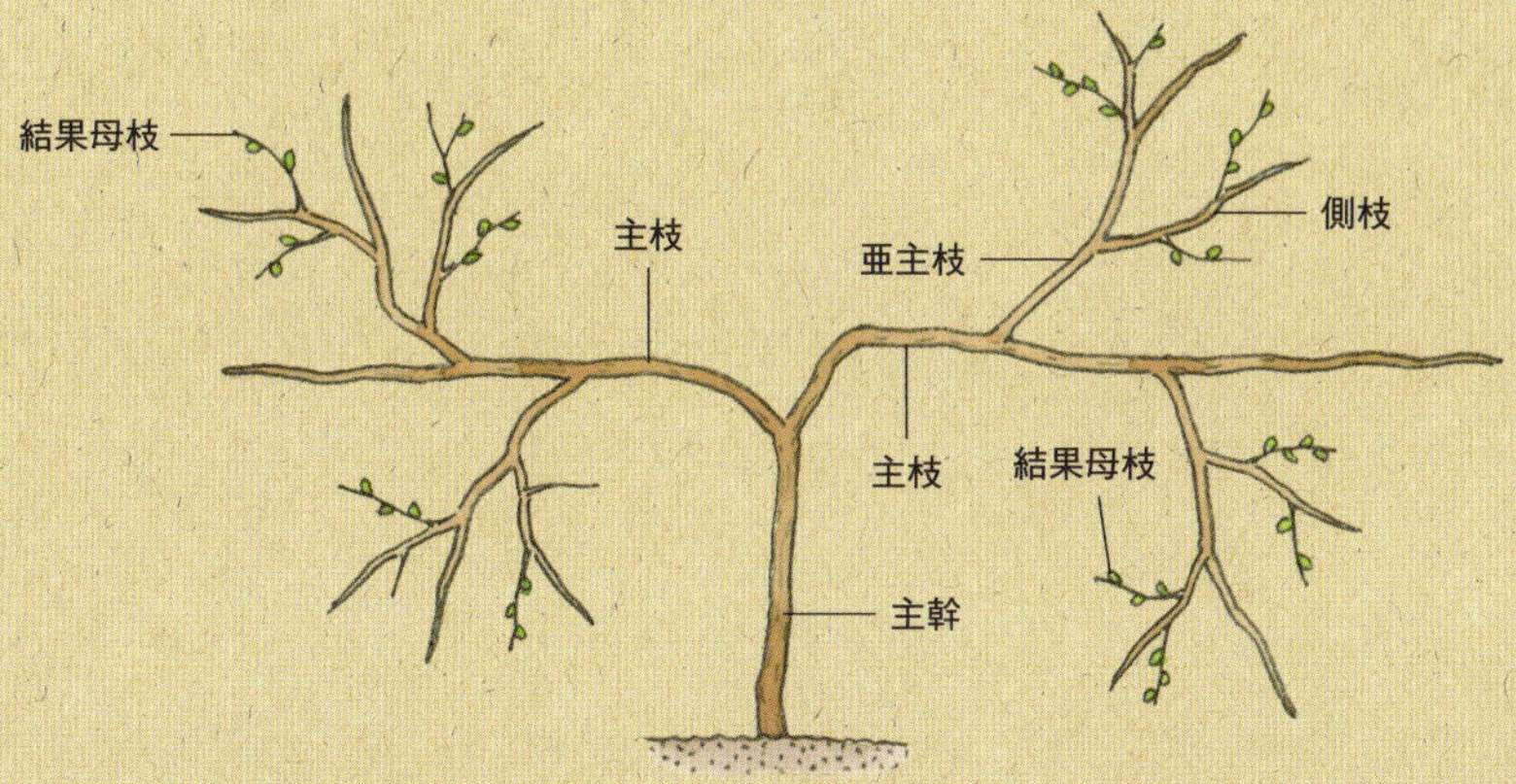

［花穂《かすい》］　花房の中で小花がつき、開花後は結実する部位全体をいう。

［花房《かぼう》の分化《ぶんか》］　一般的果樹でいう花芽分化と同意語。ブドウは新梢の腋芽が花芽になるので、腋生《えきせい》花芽といい、花芽は小花の集合体で房状に着花するために花房ともいわれる。花芽分化がされることによって、腋芽が葉芽《ようが》でなく花芽になった芽が生まれて開花結実する。花芽分化が行われなければ、花は咲かないので結実はない。

［花《はな》ぶるい］　開花しても結実しないでパラパラと落ちてしまう現象。樹の栄養不良や開花時の低温、日照不足などによって起こる。花房が結実するときに受精が悪いため果粒のつき方も悪く、房の外観を損ねるようになることを花ぶるい、または花流れという。花ぶるいの様子は品種によっても異なるが、原因としては必須元素欠乏と栄養バランスの悪さの2つが要因と考えられる。

［自家和合《じかわごう》（自家親和）］　同じ品種の花粉で受精して結実すること（自家結実性）。

［自家不和合《じかふわごう》（自家不親和）］　同じ品種の花粉では受精しにくく、そのため結実しにくいこと（自家不結実性）。

［ジベレリン処理］　ジベレリンは人体には害はないといわれるホルモン剤。開花中に一度浸《つ》けると結実がよくなる。タネなしブドウにするには、満開の2週間前に花房を浸け、満開から10日後にもう一度浸ける。使い終わった液は、庭の隅の土に流して処分する。

［2倍体《にばいたい》］　19対の基本的な数の染色体ゲノムを1組もつもの。

［3倍体《さんばいたい》］　2倍体と4倍体を交雑して得られたもので、染色体ゲノムを1組半もつもの。細胞分裂の過程で染色体の配分がうまく行われず、ほ

とんどが異数配偶子というものになるため、不稔性（タネなし）になる。

［4倍体《よんばいたい》］ 2倍体品種の染色体ゲノムを通常の2倍、つまり19対×2組もつもの。大粒の品種になりやすい。

［無核果《むかくか》］ タネのない果実のこと。

［無核種《むかくしゅ》］ タネのない品種のこと。

［フラスター処理］ 一般名をメピコートクロリドという植物調節作用を示す化合物。ブドウでは巨峰の有核果の着粒増加を目的として使用されている。展葉7～8枚時の巨峰の新梢および花穂に250倍の濃度で全面散布するのが効果的。

［フルメット］ フルメット液剤。植物ホルモンの一種であるサイトカイニンと同じような活性をもつ化合物。ブドウ栽培では満開後に処理すると果粒肥大を促進する効果がある。

［塊状《かいじょう》］ ブドウの肉質の特徴の1つで、プルンとしてなかなかかみ切れない肉質。

［崩壊性《ほうかいせい》］ ブドウの肉質の特徴の1つで、よくかみ切れるかための肉質。

［裂果《れっか》］ 収穫前になって、果粒に亀裂が入ったり果皮が裂けること。

生長と作業

［土壌の理化学性《りかがくせい》］ 作物を育てるうえで、土壌の土の粒子（固相）、空気（気相）、水分（液相）を適度に含んだ地力の高いことが望ましい。土壌の通気性がよければ、有機物を分解する土壌微生物や小動物が多くなり、土壌の質がよくなる。このように土壌の質的条件のことを理化学性といい、これを改善することを理化学性の改善という。

［元肥《もとごえ》］ 果樹では、その年の基本になる肥料。

［栄養生長《えいようせいちょう》］ 枝葉や根のような栄養製造・供給器官が生長するのが栄養生長。

［生殖生長《せいしょくせいちょう》］ 花芽や花器、果実のような生殖・子孫器官が生長すること。

［台木《だいぎ》］ 接ぎ木の場合、穂木《ほぎ》（地上部）の生長を支えるために地下部を受け持つ役割を果たす。ブドウ台木には害虫フィロキセラに対する抵抗性をもたせている。

［穂木《ほぎ》］ 台木の上部に接《つ》いで、頑健な木をつくるための一年生の枝。正しい品種系統で無病で充実しているものでなければならない。

［露地栽培《ろじさいばい》］ ビニールハウスや温室などの施設を利用するのではなく、普通の畑や庭で栽培すること。

［ボルドー液］ 塩基性硫酸銅カルシウム。硫酸銅と生石灰の割合および濃度を変え、強アルカリ性の状態で自家調整する殺菌剤。調整液1ℓ中の硫酸銅と生石灰のグラム数によって表し、4-2ボルドー液（硫酸銅4g、生石灰2g）などという。

第2章

はじめてでもおいしくできる おすすめのブドウ品種

気候や土壌条件に適応力の高いブドウは、雨よけのできるガラス室やビニールハウスがあれば、地域を問わずどのような品種でもつくれます。ただし、つくりやすい品種とつくりにくい品種があるので、栽培技術レベルに合わせて、自分好みのブドウを選んでみましょう。

つくりやすい品種とつくりにくい品種

昔はブドウを栽培するうえで、恐れられていた「黒《こく》とう病」「うどんこ病」「晩腐《おそぐされ》病」「灰色かび病」などの病害の駆除は、現在では、徹底してできるようになりました。

つくりにくい品種とは

問題となるのは、花ぶるい性や裂果性、脱粒性、日もち、成熟期などの違いです。花ぶるいや裂果、脱粒の多い品種は、つくりにくい品種になります。

花ぶるいの多い「ピオーネ」「巨峰」「クイーンニーナ」といった4倍体系品種が、この部類に属します。しかし、同じ4倍体系品種でも、「伊豆錦」「竜宝」「安芸クイーン」などは花ぶるいが少なく、比較的つくりやすい品種といえます。

裂果の点では、「ハニーレッド」はつくりにくい品種に入り、年によっては「竜宝」も、つくりにくい品種に入ります。

脱粒の多い品種では、着色進行の遅れなど、成熟が理想的に進行しないことがあります。代表的な品種は「藤稔」です。

栽培がむずかしい4倍体系

4倍体系の品種は、開花期に樹勢が強すぎると花ぶるいが起きやすいので、樹勢を落として着粒を促します。そして、その後、芽かき、摘房などで樹勢を上げます。そうしないと、着色不良となり、紫黒色系の品種では赤熟《あかう》れになってしまいます。

また、4倍体系の品種は早熟で、夏季高温の時期に成熟するので、肉質の変化がはなはだしく、果房の着色のために長期の日数を要する場合は、果肉がだらけ、品質が著しく低下し、思わぬ裂果に遭遇します。

米国種系雑種は栽培が楽

ただし、米国種系に近い雑種では、開花期に樹勢が強くても着粒がよいので、開花期の樹勢を落とす必要がありません。

ある程度の強剪定《せんてい》で生育初期から樹勢を強化することができ、樹勢が成熟期まで維持されるので、糖度の上昇、着色の進行は順調に進みます。この点から、米国種系雑種は栽培が比較的容易であるといえます。

マスカット・ベリーA

難易度★★★ 米国種系雑種

収穫期	９月中～下旬
粒の大きさ	１粒７ｇ（中の大）
果形・果皮	円錐形・紫黒
肉質・糖度	密・18度～
来歴	ベリー×マスカット・ハンブルク
特徴	甘酸が適度でマスカット香をかすかに有し、食味はきわめて良好。濃厚な香りと強い甘みがあり品質良好。病気に強く着色もよく豊産で、育てやすい初心者向き。近年、開花前後の２回ジベレリン処理による無核果「タネなしベリーA」は、生食用はもちろん、赤ワイン用としても評価が高い（２倍体）
栽培ポイント	雨よけはなくてもよいが、その分、葉が病気になる確率は高くなる。果房の被覆はかならず必要

ピオーネ

難易度★★★ 欧米種系雑種

収穫期	８月下旬～９月上旬
粒の大きさ	１粒 12 ～ 18 ｇ（巨大）
果形・果皮	短楕円形・紫黒
肉質・糖度	密・17 ～ 18 度
来歴	巨峰×カノンホールマスカット
特徴	果房は巨峰と変わらず、肉は巨峰よりも締まり、味が濃厚で美味。関西方面を中心に無核果栽培の研究が進み、安定したタネなしピオーネ生産が可能となり、栽培面積が大幅に伸長。着色には注意を要する（４倍体）
栽培ポイント	ジベレリン処理は１回目を満開終了後 12.5ppm、２回目を満開終了後から 10 ～ 15 日後に 25ppm の濃度とする

アーリー・スチューベン（バッファロー）

難易度★★★　米国種系雑種

収穫期	8月上旬
粒の大きさ	1粒5～6g（中の大）
果形・果皮	短楕円形・紫黒
肉質・糖度	塊状と崩壊性の中間・17～18度
来歴	ハーバード×ワトキンス
特徴	適度な酸味と上品なラブラスカ香あり。多汁で果皮厚く、むきやすい。花ぶるい性がなく貯蔵性、裂果脱粒がなく品質良好（2倍体）
栽培ポイント	雨よけはなくてもよいが、果房の被覆は必須。凍害に強く寒冷地向き品種。とくに北海道ではジベレリン処理による無核果に成功。デラウェアより3～4日早く2回実施すると無核果が得られる

藤《ふじ》稔《みのり》

難易度★★★　欧米種系雑種

収穫期	8月中旬～9月中旬
粒の大きさ	1粒18～22g（特巨大）
果形・果皮	短楕円形・暗紫赤
肉質・糖度	塊状と崩壊性の中間・19度～
来歴	ピオーネ×井川682号
特徴	外観が巨峰に似ているジャンボブドウ。果皮と果肉の分離は容易だが、粒がすぐ脱落するのが難点。果汁が多くみずみずしくて食味がよい（4倍体）
栽培ポイント	土質や地域を選ばず、安定した栽培が可能。巨峰やピオーネのような徒長性はなく、強剪定しても花ぶるいしないので、特別な技術を要しない

オリエンタルスター

難易度★★★　欧州種系

収穫期	8月下旬
粒の大きさ	1粒12～14g（大～巨大）
果形・果皮	短楕円形・紫赤～紫黒色
肉質・糖度	密・20度
来歴	安芸津21号（スチューベン×アレキサンドリア）×ルビーオクヤマ シャインマスカット（p.34）の姉妹品種
特徴	糖度が高く、酸味、渋みとも少ない。香りはないもののシャインマスカットと同じ食感でおいしいブドウである。病害虫に比較的強く貯蔵性に富み、裂果もほとんどなく、栽培は容易である（2倍体）
栽培ポイント	シャインマスカット同様にジベレリン2回処理で容易に無核果と果粒の肥大が可能

ブラックビート

難易度★★★　欧米種系雑種

収穫期	7月下旬～8月上旬
粒の大きさ	1粒15～18g（巨大）
果形・果皮	短楕円形・紫黒
肉質・糖度	ややかたい・16～17度
来歴	藤稔×ピオーネ
特徴	白粉ののりがよく外観は壮麗。多汁で、濃厚さはピオーネ（p.21）ほどなく、ややあっさりとした味で食べやすい。果皮は厚く裂果性が少ない（4倍体）
栽培ポイント	ジベレリン処理2回で無核果と果粒の肥大が可能。着色先行型なので、着色で判断せず、味を確認してから収穫する

ハニーブラック

難易度★★★　欧米種系雑種

収穫期	８月下旬～９月中旬
粒の大きさ	１粒10～14ｇ（大～巨大）
果形・果皮	短楕円形・濃青黒
肉質・糖度	ややかたい・23度
来歴	巨峰×巨峰（巨峰の実生選抜）
特徴	巨峰をしのぐ巨峰ともいえる良品種で、甘みが強く、フォクシー香があり食味がよい。果汁も適当で食べやすい。耐寒性があるので、奥羽・東北地方でも栽培可能（４倍体）
栽培ポイント	フラスター処理による花ぶるい防止、またフルメットによる果粒肥大は効果的である

安《あ》芸《き》シードレス

難易度★★★　欧米種系雑種・無核果（タネなし）

収穫期	８月下旬～９月中旬
粒の大きさ	１粒３～５ｇ（中）
果形・果皮	短楕円形・紫黒
肉質・糖度	密・18～19度
来歴	マスカット・ベリーＡ×ヒムロッド・シードレス
特徴	上記の交配で育成されたタネなし種。収量は花つきがよく、花ぶるい性がないのでマスカット・ベリーＡ（p.21）並みの豊産性がある。みごとな着色と白粉の深い外観の美しさは観光園などで人気がある（３倍体）
栽培ポイント	北海道～九州まで栽培適地は全国区。脱粒しやすく、輸送には適さないことから、家庭や直販栽培によい

高《たか》墨《すみ》

難易度★★★　欧米種系雑種

収穫期	9月中～下旬
粒の大きさ	1粒13～15g（巨大）
果形・果皮	短楕円形・黒墨
肉質・糖度	やや密・17～18度
来歴	巨峰の枝変わり選抜
特徴	露地ブドウの最高峰である巨峰より熟期が10～15日早く、とくに赤熟れ（着色不良）はほとんどなく、墨を溶いたように一斉に着色するという意味から、地名・高畑の「高」と併せて「高墨」と命名された。果粒は巨峰に劣らず巨大でボリュームもあり、果肉は青みがなくほどよくかたく、糖度は高くコクがあり食味はきわめてよい（4倍体）
栽培ポイント	露地栽培可能

ノースブラック

難易度★★★　雑種系

収穫期	8月中～下旬
粒の大きさ	1粒4g（中）
果形・果皮	短楕円形・紫黒
肉質・糖度	やや密・16～18度
来歴	セネカ×キャンベルス・アーリー
特徴	耐寒性が強いので、東北・北海道南部地域でキャンベルス・アーリー（p.27）に代わる品種として期待されている（2倍体）
栽培ポイント	樹性がやや弱いが、病害が少なく栽培しやすい

マスカット・ビオレ

難易度★★★　欧州種系

収穫期	９月中～下旬
粒の大きさ	１粒10～12ｇ（大～巨大）
果形・果皮	短楕円形・紫黒
肉質・糖度	崩壊性・18度～
来歴	甲斐路×紅アレキ
特徴	マスカット香を有した、巨峰を上回る高級味として登場した品種。果汁は少ないが、甘みが強く、日もちがよい。肉質は最上、花ぶるいはなく裂果性が少ない（２倍体）
栽培ポイント	病害に比較的強く露地栽培も可能だが、ハウスか雨よけ簡易ハウス栽培のほうがよい。欧州種系であるため、ボルドー液を主体とした防除は欠かせない

サマーブラック

難易度★★★　欧米種系雑種

収穫期	８月上～中旬
粒の大きさ	１粒３ｇ（中、ジベレリン処理前）
果形・果皮	楕円形・紫黒
肉質・糖度	崩壊性と塊状の中間・20～21度
来歴	巨峰×トムソン・シードレス
特徴	糖度は巨峰より高く、食味は濃厚でフォクシー香を有する早生品種。果皮は厚く、裂果が少ない。耐寒性、耐病性とも強いほうで、防除はほぼ巨峰と同じ（３倍体）
栽培ポイント	露地栽培も可能だが、できればハウスで栽培を。満開時と満開10日後のジベレリン50ppmの２回処理によって着粒増と果粒肥大（７～８ｇ）の効果が見られる。房づくりは先端を１㎝摘み、その上６㎝を使う

キャンベルス・アーリー

難易度★★★ 米国種系

収穫期	8月下旬～9月中旬
粒の大きさ	1粒5～8g（中～大）
果形・果皮	円形・紫黒
肉質・糖度	やや密・14～15度
来歴	米国・キャンベルス氏作出
特徴	西日本における代表的品種。独特の甘酸と香りがある。栽培が容易で豊産性があり、ジュースにすると最高の味になる。東北・北海道でも広く栽培されており、長時間輸送に耐えられる品種（2倍体）
栽培ポイント	雨よけはなくてもよいが、その分、葉が病気になる確率は高くなる。果房の被覆はかならず必要。ジベレリン2回処理で無核果と果粒の肥大が可能

巨峰

難易度★★★ 欧米種系雑種

収穫期	8月下旬～9月下旬
粒の大きさ	1粒12～13g（大～巨大）
果形・果皮	短楕円形・紫黒
肉質・糖度	やや密・18～19度
来歴	石原早生×センテニアル
特徴	露地ブドウの最高峰で、ご存じのとおり、わが国が世界に誇る巨大粒ブドウ。糖度も高く、外観・食味ともによい。選抜巨峰や高墨（p.25）など、いろいろな改良優良系統がある（4倍体）
栽培ポイント	病害にも強いため栽培が容易で露地栽培が可能であるが、花ぶるい性が欠点である。適当な樹勢管理と開花前の房の切り込みがたいせつ

秋《しゅう》鈴《れい》

難易度★★★　欧州種系・無核果（タネなし）

収穫期	9月上〜中旬
粒の大きさ	1粒6g（中）
果形・果皮	短楕円形・紫赤
肉質・糖度	崩壊性・18〜19度
来歴	ルビーシードレス×ハリセフ
特徴	自然状態で無核果である。渋みがなく皮ごと食べられる。糖度が高いが酸味が適度にあり、さっぱりとしたフレッシュな味は上品なデザート用として最適（2倍体）
栽培ポイント	無核果のためジベレリン処理が不要であり、巨峰より省力栽培が可能。土壌温度の変動により破果しやすいので注意する

クイーンニーナ

難易度★★★　欧米種系雑種

収穫期	8月中旬〜9月上旬
粒の大きさ	1粒15〜17g（巨大）
果形・果皮	短楕円形・鮮赤
肉質・糖度	崩壊性・21度
来歴	安芸津20号（紅瑞宝×白峰）×安芸クイーン
特徴	タネなし栽培が可能な大粒品種。肉質はかみ切りやすいかたさで、フォクシー香を有する。巨峰（p.27）やピオーネ（p.21）とは異なる外観をもち、食味はきわめて優れている（4倍体）
栽培ポイント	満開終了後とそれから10〜15日後に、25ppmのジベレリン処理2回で無核果になる

ゴルビー

難易度★★★　欧米種系雑種

収穫期	８月中～下旬
粒の大きさ	１粒20ｇ（特巨大）
果形・果皮	円形・鮮紅
肉質・糖度	密・20～21度
来歴	レッド・クイーン×伊豆錦３号
特徴	裂果しにくい。巨峰（p.27）、ピオーネ（p.21）と同じジベレリン処理で、大粒な無核果となり収量が安定し、そろった房をつける（４倍体）
栽培ポイント	ジベレリン処理は１回目を満開終了後12.5ppm、２回目を満開終了後から10～15日後に25ppmの濃度とする

サニードルチェ

難易度★★★　欧州種系

収穫期	８月下旬
粒の大きさ	１粒10～15ｇ（巨大）
果形・果皮	短楕円形・鮮紅
肉質・糖度	崩壊性・17度
来歴	バラディー×ルビーオクヤマ
特徴	太陽（サニー）をたっぷり浴びた甘美なスイーツ（イタリア語で「ドルチェ」）をイメージして命名された。渋みなく、酸抜けもよく甘酸適和で果皮ごと食べられる。青リンゴのようなさわやかな香りを呈する（２倍体）
栽培ポイント	灰色かび病に弱いため、開花期前後の薬剤散布を徹底する。樹勢が強く発芽良好。房づくりは花穂４㎝前後を用いる（先端は摘まない）。花は雄ずい反転性のため、２回のジベレリン処理が必要

安《あ》芸《き》クイーン

難易度★★★ 欧米種系雑種

収穫期	8月中～下旬
粒の大きさ	1粒13g（大～巨大）
果形・果皮	倒卵形・鮮紅
肉質・糖度	崩壊性・18～20度
来歴	巨峰の実生選抜
特徴	フォクシー香があり、濃厚な食味。果粒は巨峰よりやや大きく、暖かいところでも着色しやすく、きれいな赤の外観となる（4倍体）
栽培ポイント	北海道や東北北部の寒冷地では凍害の恐れがある。花ぶるいするので、ジベレリン12.5～25ppmを満開3日後と満開10～17日後の2回処理で無核果となり、果粒も肥大化する

ノースレッド

難易度★★★ 雑種系

収穫期	8月下旬～9月中旬
粒の大きさ	1粒4g（中）
果形・果皮	円形・鮮赤
肉質・糖度	やわらかい・18～22度
来歴	セネカ×キャンベルス・アーリー
特徴	食味はキャンベルス・アーリー（p.27）よりはるかによく、デラウェア並みで甘みが強く、酸味が少ない（2倍体）
栽培ポイント	病害と耐寒性が抜群に強くきわめて強健。枝の登熟もよいので、北海道や東北などの寒冷地向きの好品種

紅やまびこ

難易度★★★ 欧米種系雑種

収穫期	9月上～中旬
粒の大きさ	1粒11～15ｇ（大～巨大）
果形・果皮	円形・鮮紅
肉質・糖度	塊状と崩壊性の中間・18～23度
来歴	(DXK151×デラ)×ピオーネ
特徴	果皮が厚く、果皮と果肉の分離は容易。果汁は多く甘みが強く、酸味は少ない。フォクシー香あり（4倍体）
栽培ポイント	耐寒性が強く花ぶるいが少なく、裂果がほとんどみられないので、寒冷地でも栽培可能

竜《りゅう》宝《ほう》

難易度★★★ 欧米種系雑種

収穫期	8月上～中旬
粒の大きさ	1粒12～16ｇ（巨大）
果形・果皮	楕円形・赤紫
肉質・糖度	密・17～18度
来歴	ゴールデンマスカット4倍体×クロシオ
特徴	大粒で多汁、果皮の分離がよく、甘みが強くてフォクシー香があるおいしい品種。花ぶるいや裂果が少ないので、栽培はきわめて容易である（4倍体）
栽培ポイント	着色はきわめて容易。他の巨大粒鮮紅色種に比べ早熟。裂果が少ないとはいえ、栽培管理に注意が必要

天《てん》秀《しゅう》

難易度 ★★★ 欧米種系雑種

収穫期	８月中～下旬
粒の大きさ	１粒12～15g（巨大）
果形・果皮	短楕円形・鮮紅～紫紅
肉質・糖度	やわらかく密・17～18度
来歴	ピオーネ×カノンホールマスカット
特徴	果粒は巨大で、糖度が高くフォクシー香をもち、多汁で食べやすい。花ぶるいが少なく、また裂果も少ないので、栽培や着色させるのは容易である（４倍体）
栽培ポイント	樹勢は旺盛なので強剪定は避け、開花前の房づくりは必要。耐病性は比較的強いので、巨峰程度の軽めの防除でよい

紅《べに》伊《い》豆《ず》

難易度 ★★★ 欧米種系雑種

収穫期	８月下旬
粒の大きさ	１粒12～14ｇ（巨大）
果形・果皮	円形・鮮紅
肉質・糖度	ややかたい・17度～
来歴	井川667の変芽
特徴	早熟で美しい鮮紅色の巨大粒品種。肉質よく糖度が高い。日もちがよく、輸送性も良好（４倍体）
栽培ポイント	樹勢は強く、耐病性もあり、花ぶるいや裂果がほとんどなく、着生が良好なため栽培が容易である

キングデラ

難易度 ★★★ 雑種系

収穫期	７月下旬～８月中旬
粒の大きさ	１粒３～４ｇ（中、ジベレリン処理１回の場合）
果形・果皮	長卵円形・紫赤
肉質・糖度	塊状・17～20度
来歴	レッドパール×マスカット・オブ・アレキサンドリア
特徴	デラウェアより10日早く熟し、粒は1.5倍の大きさになり、改良デラウェアといえる。樹勢はデラウェアより旺盛で、耐病性が強く豊産であり、栽培が容易（３倍体）
栽培ポイント	ジベレリン処理１回で無核果の中粒になる

甲《か》斐《い》路《じ》

難易度 ★★★ 欧州種系

収穫期	９月上旬～10月中旬
粒の大きさ	１粒８～12ｇ（大）
果形・果皮	円錐形・鮮紅
肉質・糖度	崩壊性・18～22度
来歴	フレームトケー×ネオ・マスカット
特徴	大粒で外観が美麗。鮮紅色で甘みが強く、上品なマスカット香がある。裂果もなく、露地栽培できるものとしては最高の品種の１つといえる（２倍体）
栽培ポイント	病気に弱いので、適地でないと露地栽培はむずかしい

天《てん》山《ざん》

難易度★★★ 欧州種系

収穫期	８月下旬～９月中旬
粒の大きさ	１粒25～30ｇ（超巨大）
果形・果皮	長楕円形・黄緑
肉質・糖度	かたい・18～20度
来歴	ロザリオ・ビアンコ×貝甲干（ベイジャーガン）
特徴	瀬戸ジャイアンツ（p.37）よりも皮がさらに薄く食べやすい。カリッと果皮ごと食べられ、甘さと酸味のバランスがとてもよい。無核果にすると、最大で40ｇもの超巨大粒となり、１粒でも存在感のあるユニークなブドウ（２倍体）
栽培ポイント	純欧州種であるため樹勢は旺盛なので、枝の伸びすぎに注意。果粒色が十分に黄色になったら収穫するようにする。早採りは禁物

シャインマスカット

難易度★★★ 欧州種系

収穫期	８月中旬～９月下旬
粒の大きさ	１粒10ｇ（中の大、ジベレリン処理後は13～14ｇ）
果形・果皮	短楕円形・黄緑
肉質・糖度	かたい・17～20度
来歴	安芸津21号（スチューベン×アレキサンドリア）×白南（カッタクルガン×甲斐路）
特徴	大粒ながら日もちがよく、酸味・渋みともに少なく果皮ごと食べられる。多汁だが肉質かたく、マスカットの香りがあり食味良好（２倍体）
栽培ポイント	ストレプトマイシン＋ジベレリンで無核果生産ができる。病害虫に強いほうで、裂果がほとんどみられず、栽培は比較的容易。奥羽・東北地方などでも栽培可能

翠《すい》峰《ほう》

難易度★★★ 欧米種系雑種

収穫期	８月下旬～９月上旬
粒の大きさ	１粒13～20ｇ（巨大）
果形・果皮	長楕円形・黄緑～黄白
肉質・糖度	塊状と崩壊性の中間・17～18度
来歴	ピオーネ×センテニアル
特徴	雨の多い温暖地帯で施設栽培用として育種され、巨峰に次ぐ品種にと命名。ジベレリン処理で最大20ｇの巨大粒無核果となる。果皮は薄く、果肉との分離はやや難。酸味は中くらい、渋みはなく巨峰系の食味に似て良好である。裂果が少なく、脱粒性はない（４倍体）
栽培ポイント	樹勢は強いが欧州系が入っているため、雨よけ栽培が望ましい

多摩ゆたか

難易度★★★ 欧米種系雑種

収穫期	８月下旬～９月上旬
粒の大きさ	１粒13ｇ（大～巨大）
果形・果皮	短楕円形・黄緑～黄白
肉質・糖度	半崩壊性・17～20度
来歴	白峰の自然交雑実生を選抜
特徴	巨峰よりひと回り大粒。多汁で独特の上品でさわやかな風味を有し、香りは少ないが高級感のある青色ブドウである。露地栽培ができる青色大粒種は、きわめて少ない（４倍体）
栽培ポイント	花穂を約４cm（房尻は摘まない）とし、満開時と満開10日後の２回、それぞれ25ppmでジベレリン処理を行うと、容易に優良な無核果が得られる

ハニービーナス

難易度★★★ 欧米種系雑種

収穫期	8月中～下旬
粒の大きさ	1粒9g（中の大）
果形・果皮	短楕円形・黄緑
肉質・糖度	半崩壊～半塊状・21度
来歴	紅瑞宝×オリンピア
特徴	発芽、開花期、収穫期とも巨峰（p.27）と同時期のブドウだが、糖度は巨峰より2度くらい高い。樹勢は強いほうで花ぶるい性は小さく、結実性がきわめて良好で容易に400～450gくらいの有核の良房が得られる（4倍体）
栽培ポイント	耐寒性が強く、裂果の心配がないので、東北地方から九州にいたる広範囲で栽培が可能。晩腐病やうどんこ病に注意する

ハニーシードレス

難易度★★★ 雑種系

収穫期	8月下旬
粒の大きさ	1粒4～5g（中）
果形・果皮	円形・黄緑
肉質・糖度	やわらかい・18～20度
来歴	コンコード・シードレス×巨峰
特徴	樹勢は強く、新梢はよく伸び、登熟もよい。果粒は小粒だが、フォクシー香に似た香気があり、糖度は高い。栽培は容易である（3倍体）
栽培ポイント	ジベレリン処理が不可欠。落花直後にジベレリン処理（100ppm）を1回行うのがよい。着粒が増加し果粒の肥大も促され、250～350gくらいの果房となり、糖度の高い優れた食味となる

ロザリオ・ビアンコ

難易度★★★　欧州種系

収穫期	9月上～中旬
粒の大きさ	1粒12～13g（大～巨大）
果形・果皮	倒卵形・黄緑
肉質・糖度	塊状と崩壊性の中間・19～20度
来歴	ロザキ×マスカット・オブ・アレキサンドリア
特徴	岡山のマスカット・オブ・アレキサンドリア（p.38）に匹敵する高級種でありながら、早熟で栽培しやすい青色ブドウ。樹勢が強く、生育旺盛。多汁で食味は良好（2倍体）
栽培ポイント	純欧州種系であるので、窒素を控え、ボルドー液中心の防除によって枝葉の繁茂を抑え、登熟を促すことがたいせつ。露地栽培もできるがハウス栽培にも向く

瀬戸ジャイアンツ

難易度★★★　欧州種系

収穫期	9月上～中旬
粒の大きさ	1粒20g（特巨大）
果形・果皮	倒卵形・黄緑
肉質・糖度	崩壊性・18～20度
来歴	グザルカラー×ネオ・マスカット
特徴	別名「桃太郎ブドウ」として販売。甘みが強く、香気はないものの果汁が多く食味もよい。裂果が少なく、果皮ごと食べられる。ジベレリン処理2回で巨大粒のタネなしとなる高級種。ただし、栽培には技術を要する（2倍体）
栽培ポイント	房づくりは、800～1000g級のある程度大きいほうが外観のバランスがよい。その場合は7～10段（開花前は3㎝）で1粒平均20gとして約40粒前後あれば十分

ネオ・マスカット

難易度★★★　欧州種系

収穫期	９月中旬～10月上旬
粒の大きさ	１粒７～８ｇ（中～大）
果形・果皮	楕円形・黄白
肉質・糖度	密・17～23度
来歴	マスカット・オブ・アレキサンドリア×三尺
特徴	果実の品位がよく、マスカットの芳香も高い極上品質で豊産な品種。果皮強靱で裂果・脱粒がなく、棚もち・日もちがよく、貯蔵用には最適種といえよう（２倍体）
栽培ポイント	結実過多と早採りに注意する。露地栽培可能

マスカット・オブ・アレキサンドリア

難易度★★★　欧州種系

収穫期	９月下旬～10月上旬
粒の大きさ	１粒10ｇ（中～大）
果形・果皮	長楕円形・黄緑
肉質・糖度	崩壊性・18～20度
来歴	エジプト原産
特徴	強烈なマスカットの芳香があり、日もちがよく肉質などの品質も最高。温室栽培の代表的品種で、とりわけ岡山県のマスカット温室栽培は有名（２倍体）
栽培ポイント	近年普及しつつあるビニール簡易ハウスでの栽培も可能。樹勢旺盛だが、露地栽培はむずかしい

ナイヤガラ

難易度★★★ 米国種系

収穫期	８月下旬～９月上旬
粒の大きさ	１粒３ｇ（小）
果形・果皮	円形・黄緑
肉質・糖度	塊状・14～15度
来歴	コンコード×キャッサデイ
特徴	関東以北に広く栽培されている一般向けの青色ブドウ。北海道余市町周辺で大栽培されているほど、樹勢強健、耐寒性や病害に強く、栽培は容易。完熟時の高い糖度と独特の香気が好まれ、愛好者が多い。国内でのワイン生産量も多く、あっさりとして飲みやすく、とりわけ女性に人気がある（２倍体）
栽培ポイント	生食用として良果を得るには、収量を減じて完熟収穫をするとよい

サンヴェルデ

難易度★★★ 欧米種系雑種

収穫期	８月下旬～９月中旬
粒の大きさ	１粒14ｇ（大～巨大、ジベレリン処理２回後）
果形・果皮	短～長楕円形・黄緑
肉質・糖度	崩壊性・20～21度
来歴	ダークリッジ×センテニアル
特徴	ヴェルデはイタリア語で緑。「太陽でつくられた緑」を意味する。糖度が高く、酸含有量は少なく、渋みもない。裂果も少なく病害虫には強いほうで栽培は比較的容易。北限は東北以南（４倍体）
栽培ポイント	開花後に花冠が落ちにくく、果面にコルク状の汚れが発生しやすい特徴があるため、１回目のジベレリン処理後に花冠を落とすとよい

アルコール度数1％未満であれば、家庭で自家製のワインをつくることができます（108ページ参照）。

私たちが食しているデラウェアや巨峰は生食専用ブドウで、ワインには適しません。これらは糖度が高くみずみずしいため、さぞかしおいしいワインができあがるのではと思うでしょうが、実は違うのです。

ワインに適しているブドウとは、皮が厚く、実が引き締まった小ぶりのもので、しかも食べた瞬間「酸っぱい」と口をすぼめてしまうほど酸味の強いブドウなのです。

ここで世界でつくられているワインの原料となる代表的な品種で、しかも苗木の取り寄せができるものをご紹介します。

赤ワイン種

アルモノワール

難易度★★★ 日本

収穫期 9月下旬～10月上旬

粒の大きさ 1粒2g（小）

果形・果皮 短楕円形・紫黒

肉質・糖度 やや密・18～19度

来歴 カベルネ・ソービニヨン×ツバイケルト・レーベ

特徴 平成21年3月に「クリスタルノワール」から「アルモノワール」に改名された赤ワイン専用品種。酒質は色が濃くタンニンを適度に有し、味のバランスもよく、フルーティーで品質良好

栽培ポイント 全国で栽培可能。とくに耐寒性が優れていることから、北海道や東北地方などの寒冷地では酸の切れがよく、ワイン色は濃く、糖度も上がる

ビジュノワール

難易度★★★ 日本

収穫期 9月上旬

粒の大きさ 1粒2～3g（小）

果形・果皮 短楕円形・紫黒

肉質・糖度 やや密・22.4度

来歴 （甲州三尺×メルロー）×マルベック

特徴 平成18年農林水産省登録の赤ワイン専用品種。「ビジュ」はフランス語で〝宝石〟、「ノワール」は〝黒〟の意味で、「品質の優れた赤ワインとなるブドウ」として命名された。酒質は酸味が低くまろやかで、ボディ（コク）が厚くしっかりとしており、きわめて優れた品質である

栽培ポイント 病害虫に問題なく、耐寒性に強いので、全国で栽培可能

カベルネ・ソービニヨン

難易度★★★ フランス

フランス・ボルドーの世界的銘酒とされる赤ワインの主力品種として、あまりにも有名である。カリフォルニアのほか、いまや世界各地で赤ワインの中心的品種となっている。

濃縮された芳香と厚みのある味わい深いワインとなり、近年日本での栽培も増加してきた。長い熟成が必要で10～20年も寝かせて本物の銘酒となる

メルロー

難易度★★★ フランス

フランス・ボルドー地方のサンテミリオン地区を中心とした赤ワイン用の主力品種であり、またカベルネ・ソービニヨンなどの混醸に用いられる。特徴ある香りを好む人も多く、「スミレ」のようだと評されている。豊産性で、日本でも古くから栽培されており、近年また増加傾向にある

ピノ・ノワール

難易度★★★ フランス

フランス・ブルゴーニュ地方の代表的赤ワイン用品種。日本でも近年、北海道などで栽培が増加している。華やかな香りと繊細で優美な味を愛する人が多く、「ロマネコンティ」「ジュヴレシャンベルダン」などの銘酒も、この品種から生まれる

カベルネ・フラン

難易度★★★ フランス

フランスの赤ワイン専用品種であり、ボディ（コク）が厚い個性的なワインになる。カベルネ・ソービニヨンより耐寒性があり、熟期も早い。フランス・ボルドー地方で主につくられ、混醸用として用いられている

ブラック・クイーン

難易度★★★ 日本

故・川上善兵衛氏作出（ベリー×ゴールデンクイーン）の日本では珍しい国産ワイン専用種。晩熟ではあるが豊産。酒質はボディ（コク）が薄く、かなり飲みごたえのある赤ワインとなる。ベリーA、甲州とともに国産のワイン用3大品種といえる

甲斐ノワール

難易度★★★ 日本

収穫期 10月上旬
粒の大きさ 1粒2g(小)
果形・果皮 短楕円形・紫黒
肉質・糖度 塊状・20度
来歴 ブラック・クイーン×カベルネ・ソービニヨン
特徴 酒質は良好でマスカット・ベリーAに比べて色・香り・ボディ（コク）・味のバランスでは優れており、色調の優れた赤ワイン専用種として評価が高い。他品種とのブレンド用にも使える
栽培ポイント 耐寒性は中程度で、北海道や東北地方などの極度の寒冷地を除いて、ほとんどの地域で栽培可能。一般的なブドウの防除法でとくに問題はないが、晩腐病には注意する。酸抜け着色を考慮して収穫高を調節するのがよい

ヤマ・ソービニオン

難易度★★★ 日本

収穫期 9月下旬
粒の大きさ 1粒2～3g(小)
果形・果皮 短楕円形・濃黒
肉質・糖度 やや密・22度
来歴 山梨大学作出(山ブドウ×カベルネ・ソービニヨン)
特徴 赤ワイン専用種。耐病・耐寒性が強いので、栽培が容易。カベルネ・ソービニヨンにはない独特の香りと味があり、紫系の強い色が特徴。とくに寒冷地では色素が濃くなり、岩手県などで栽培が進んでいる。
栽培ポイント 両花性であり、1本でも結実するので、趣味で「山ブドウ」のワインをという人にはとくにおすすめ。また、遅くまで樹にぶら下げておいて完熟させて食すと、とてもおいしい

白ワイン種

甲斐ブラン

難易度★★★　日本

収穫期　9月中旬

粒の大きさ　1粒2～3g（小）

果形・果皮　円形・黄緑～淡紅色

肉質・糖度　やや密・19度

来歴　甲州×ピノ・ブラン

特徴　果房220g程度。酒質は良好で甲州に勝り、フルーティーで香り立ちがよく、酸味もしっかりした白ワインとなる。栽培は容易である

サンセミヨン

難易度★★★　日本

収穫期　8月下旬

粒の大きさ　1粒3～5g（中）

果形・果皮　短楕円形・黄白

肉質・糖度　やや密・21度

来歴　笛吹×グロー・セミヨン

特徴　果房390gと大きく、豊産性である。酒質はボディ（コク）がしっかりしていて、味のバランスもよく、フルーティーな香りで華やかな白ワインとなる

ベリーアリカントA

難易度★★★　日本

故・川上善兵衛氏作出（ベリー×アリカントブスケー）の国産ワイン専用種。樹勢が強く、耐病・耐寒性もあり、栽培は容易である。酒質がよく、9月上旬、濃黒色に熟し、赤色着色用ワインとしても使用されている。

果肉まで真っ赤になり、自家用ブドウでワインをという人には、おすすめの品種である

S-13053

難易度★★★　フランス

フランス名は「カスタード」。セイベル氏が作出した多くの品種から、とくにワイン原料用として北海道などの寒冷地向きにと導入された。外観も山ブドウに似て、早熟で枝の登熟も早く、栽培もきわめて容易である。一般向き赤ワイン原料として、現在は日本各地で栽培されている

ツバイゲルト・レーベ

難易度★★★　オーストリア

オーストリアで交配（リンベルガー×サンローラン）された赤ワイン用品種。赤ワインとしてはやや淡白ではあるが、香りはよい。糖度が高く豊産で酒質もよく、病害にも強い。日本にも導入され、とくに耐寒性に優れ早熟なので、北海道などで普及している

シラー

難易度★★★　フランス

果実味たっぷりで若いうちから飲みやすく、熟成すると力強い濃厚な赤ワインになる。フランスのローヌ川流域が有名だが、現在ではカリフォルニアやオーストラリアにも広がっている

選抜・山ブドウ（メス+オス）

難易度★★★　日本

近年、とくに健康志向から自然食品への関心が高まっており、また、このブドウは無農薬栽培も可能なことから、ワインメーカーはもとより一般家庭の果樹としてニーズが増えてきている。一般に山ブドウは雄花（雄しべ）が退化しているものが多いので、安定した収量を得るためにも、受粉樹（オス）を混植しておくのがベスト

リースリング

難易度★★★　ドイツ

「アルザス・リースリング・グラン・クリュ」など、ドイツの白ワインの主力品種としてなじみのある品種であり、カリフォルニアはじめ世界の各地で栽培されている。芳香よく、すっきりした飲み口は、やはりこの品種ならではのものがある。また、貴腐ワインとして有名なのも、この品種である。病害にやや弱いが、価値ある白ワイン用品種といえる

ミュラートルウガウ

難易度★★★　ドイツ

ドイツの白ワイン用品種で、本家の「リースリング」を追い越し高い評価を得るようになった品種。来歴はリースリング×シルバーネルより選抜された有名品種であり、フレッシュでフルーティーな香りがよい。栽培容易な品種で、わが国でも栽培が増えつつある

ケルナー

難易度★★★　ドイツ

ドイツでロリンガー×リースリングの交配により作出された新品種。耐寒性が強いので北海道での栽培が増加している。糖度が高く、酸もしっかりした独特の放香をもつ白ワインとなる。ドイツでも主力品種として台頭しつつある

ソービニヨン・ブラン

難易度★★★　フランス

フランスのボルドー地方が有名な産地だが、現在では世界各地で栽培されている。若草の香りと称され、さわやかな口当たりときわだつ独特の放香をもつ「シーレックス・ディディエダグノ」などの高級白ワイン用品種。近年、再注目されて日本での栽培も増えてきている

バッカス

難易度★★★　ドイツ

ドイツの白ワイン用品種シルバーネル×リースリングの交配で作出された新品種。完熟させてからつくると、独特の香りと豊かな味わいのワインとなる。早生種で抜群の耐寒性があるため、近年、北海道での栽培が増えている

シャルドネ

難易度★★★　フランス

世界の銘酒フランス・ブルゴーニュ地方の白ワイン用の主力品種。さわやかな酸味の芳醇なワインとなる。カリフォルニアをはじめ、世界各地で栽培されている。フランスの「シャブリ」「ドンペリニヨン」「モンラッシュ」「ムルソー」などの著名な白ワインのほとんどはこの品種から生まれ、世界に冠たる白ワインと認められている

セミヨン

難易度★★★　フランス

フランス・ボルドー地方の白ワイン用の主力品種。とくにソーテルヌ地区の貴腐ブドウを用いた天然甘口白ワインは有名である。晩生ではあるが、白黄色で豊産。日本での栽培もかなり行われているが、耐寒性がやや弱いので注意を要する

S-9110

難易度★★★　フランス

フランスのセイベル系品種でフランス名は「ヴェル・デレー」。山形県の蔵王山麓で広く栽培され、白ワイン「ヴェル・デレー」が売り出されている。あっさりした風味が女性にも人気。北海道南部以南なら、どの地域でも栽培できる。ジベレリン処理された無核果は、生食用「ホワイト・アーリー」の名称で親しまれている

S-5279

難易度★★★　フランス

フランス名は「オーロラ」。極早生で、ワイン用としては果房、果粒とも大きく、白黄色で豊産性である。耐寒性が強いことから、北海道などの寒冷地で普及していたが、栽培が容易なことと収量が多いことから、最近では一般向きの白ワイン原料として全国に広がりつつある

ピノ・ブラン

難易度★★★　フランス

フランスの白ワイン原料の主力品種。早熟で耐寒性があり、栽培が容易で豊産性である。シャンパンなどの原料に多用され、ワインの熟成も早い特徴がある。風味はあっさりとして軽い

Column

灰色かび病がつくる
貴腐ワイン

「灰色かび病」の病原菌の１つ、ポトリチス菌におかされた自然条件下でのブドウ（貴腐ブドウ）

ブドウ果汁の糖分を全部アルコールに変えたものがワインですが、すべてアルコールにせずに、糖分を一部残したものが、一般的な甘口ワインといわれるものです。

さらにそれ以上に甘さがあり、なめらかさとコクがあるものに貴《き》腐《ふ》ワインといわれるワインがあります。ヨーロッパで生産されていますが、ポトリチス菌という酵母菌が果実について、ブドウの糖分が通常のものと比べて倍近い30～35％になるブドウを使ってつくられる超高級ワインです。

このポトリチス菌とは、実はブドウだけに限らず、そのほかの果樹や野菜でも見られる病気「灰色かび病」の病原菌なのです。通常であれば、生食用としては利用できない病気まみれのブドウも、ワインをつくる場合は貴重なものとなるのです。

なぜ、灰色かび病におかされると、よいワインができるのでしょうか。それはこの病原菌に感染した果皮が、この菌によって溶かされ、果汁が蒸発して糖分が濃縮されるためとされています。

かびに覆われた干しブドウのようなものができ、そうやってできた病気まみれのブドウ（貴腐ブドウ）をワインの原料として使っているのが貴腐ワインなのです。

しかし、人工的に乾燥させ、濃縮してもよいワインにはなりません。自然の温度と湿度の条件下で、生きた病原菌の働きによる微妙な生化学反応が起こることで、貴腐ワインの原料が生まれます。

ヨーロッパなど、あくまでも降水量が少なく、空気中の湿度が低い地域でのみできるものであることを、くれぐれもお忘れなきように。

第3章

おいしいブドウ栽培 パート1

苗選び・植えつけ・仕立て

ブドウ栽培の成否を握る大きなポイントは、よい苗を選ぶこと。そして、雨よけができるなどブドウ栽培に合った環境に植えつけることです。ここでは、植えつけ前の準備、庭植え、鉢植えごとの植えつけ・仕立てを中心に、グリーンカーテンについても解説します。

1

植えつけるまでの準備

❶育てる環境を決める

ブドウをどこで育てるか考えることは、ブドウづくりの基本中の基本です。ここでは、①日当たり、②雨よけ、③栽培スペースの3点から、ブドウづくりに適した環境を考えてみます。

日当たりのよい場所を選ぶ

ブドウに限らず、果樹を栽培するには土と水と光が必要です。

土は土壌改良して、水は灌水《かんすい》と雨よけでコントロールできますが、光は太陽光なので、それがもっともよく当たる環境をつくってやることがたいせつです。

とはいっても、日が昇ってから日が沈むまで、1秒たりとも休むことなく光を当て続ける、というわけではありません。とくに夏場の強い西日は、むしろ当たらないほうがよいのです。ブドウの大葉からの蒸散作用が小さくなって落ち着き、休息の時間が与えられるからです。

朝日をしっかりと浴びて、夕方5時頃には日陰になっている、というのが最良の光環境だといえるでしょう。

鉢栽培であれば、その光環境に合った場所への移動は可能ですが、庭植えや大きな鉢栽培ですと、移動は無理というものです。ですから、ある程度大がかりな栽培をする場合には、日当たりをしっかりと考えたうえで、植えつけ場所を決めることがたいせつです。

雨よけがしっかりできる場所を選ぶ

欧州種系のブドウは、マスカット・オブ・アレキサンドリアに代表されるように、雨に当たると雨の中に含まれる病原菌に汚染され、株は病気まみれになってしまいます。

米国種系の場合も、欧州種系と比較すると、若干病気に対し抵抗性はあるとはいえ、良果を安定して収穫するとなると、雨からブドウを守ることが必須条件となります。

もっともベストなのは、幹・枝葉・果実などのすべてを雨から守ることです。とくに、欧州種系ブドウでは必須です。

それ以外の品種であれば、最低限

シャインマスカット

の条件として、結果枝には果実を含め雨に当てないようにすることが必要です。

雨よけには光を通す透光性の素材を使う

単純に雨よけといっても、それにはいくつかの条件があります。まず、できるだけ透光性のある素材で屋根をつくって、ブドウの株全体を覆《おお》うことです。

透光性の素材を使うのは、雨はよけても光が当たらなければ、おいしいブドウ栽培はできないからです。

ビニール、ポリエチレン、ＰＰといったフィルム資材や、ガラス、カーポートの屋根材に使われる透光性の高い強化ポリフィルムなどが一般的に使用されます。

屋根までの高さがあって光が当たるならば、軒先でもかまいません。

リビング側に光を通す透明性の高い素材を使った屋根。その真下にブドウが横に這えるように鉄線が数本、棚に張られている

強化ポリフィルムのカーポートの屋根を利用したブドウ棚。屋根に傾斜がついているので、棚も風通しをよくするための傾斜をつけやすい

栽培できるスペースを考える

ブドウをどのように仕立て、どこに果実をならせるかをイメージします。また、結実してくるブドウに、日がうまく当たるかどうかも考慮する必要があります。図面を描き、その場所でブドウを栽培するために、どれだけのスペースが許されるのかを見定めるようにするとよいでしょう。

考えた結果、縦と横のスペース、そして奥行きの広さが決まったなら、次にそのスペース環境に合った仕立て方を確認する作業に入ります。

小さなスペースなら鉢栽培を

鉢栽培であれば、最低でも横幅100×奥行き50×高さ130㎝のスペースがあれば、ブドウ栽培ができます。

小さなスペースとはいえ、日当たりがよければ、できるブドウの味は露地ものと変わりません。

これだけのスペースが確保できれば、植えつけ3年目から4倍体系品種で6房程度、2倍体品種で10房程度が収穫できます。もちろん、広ければ広いほど収穫量が増えます。

鉢栽培では、どの程度まで樹冠が拡大できるかというと、80ℓの大型鉢を使った場合、平棚で10㎡程度、垣根仕立て3段のトレリス仕立てでは、高さ2m弱、幅4m程度は拡大できます。

収穫量も一気に増え、4倍体系で30房、2倍体系で50房程度の収穫が見込めます。

次ページの写真のように2段のトレリス仕立てでも、大きめのコンテナで育てると、十分な量の果実を収穫できます。

広めのスペースなら庭植えで

庭植えであれば、痩せ地で土壌改良がなされていない場合と、しっかりと有機質を多く含んだ土壌改良がなされた場合では、樹冠の広がりはまったく異なり、当然、収穫量も大きく違ってきます。

最高の条件が整った場合は、1本で30坪程度は樹冠を広げることができます。

10a当たりに10本あると、植えつけてから3～4年目にはブドウで埋めつくされることになり、収穫量は4倍体で2t、2倍体で3tくらいは収穫できるようになります。

❷品種を決める

いままで食べた中でいちばんおいしかったブドウをつくってみたいとか、なかなか手に入らない伝説の品

横幅90㎝のファイバークレイ製のコンテナで育成された垂直2段トレリス仕立てのマスカット・ベリーA（3年目の夏）

種をつくってみるとか、人によっていろいろな選び方があるでしょう。

自分の好みに応じてテーブルグレープ（生食用）なのか、ワイングレープなのか、そのどちらも兼用しているものにするのか、それともジュース用なのかを家族と相談して決めるのも楽しいものです。

用途が決まったならば、とくに北海道や東北、北陸地方にお住まいの方は、寒冷地向きの品種かどうかを吟味したうえで品種を決めます。

❸よい苗木を入手する

ブドウづくりにおいて、よい果実を得るには、苗木選びが大きな鍵を握ります。

苗木は水田に畝立《うねだ》てをした圃場《ほじょう》で接《つ》ぎ木育苗をした素掘《すぼ》り（地掘《じぼ》り）苗木と、ポリポットで挿《さ》し木育苗したものがあります。

接ぎ木苗木に使用している台木には2系統あり、1つは温室栽培やコンテナ栽培に向くイブリフランという系統、もう1つは露地栽培（庭植え）で主に使われるテレキ系です。

一般に流通しているのはテレキ系台木に接ぎ木されたテレキ5BBやテレキSO4といわれる品種です。

庭植えでは接ぎ木苗木を使う

接ぎ木、挿し木どちらの苗木を選択するかは、栽培する環境によって違います。庭植えの場合は、接ぎ木苗木のほうが、根につくフィロキセラというセンチュウ被害を防ぐので無難です。

鉢栽培の場合はどちらでもかまいませんが、最近の接ぎ木苗木はフィロキセラ防除という目的のほかに、各種の土壌条件に適応するもの、果実の品質を向上させるものなど、優良な接ぎ木苗木が育成されていますので、こちらをおすすめします。

さて、苗木選びの参考として、選んではいけない「よくない苗木」の例を、以下に紹介しておきます。

こんな苗木は選んではいけない

●証紙のついていない苗木

当たり前のことながら、ただの黒ブドウ、赤ブドウとだけ表記しているものや、品種が数多くあるマスカット系をただのマスカットとだけ表記して販売しているようなものはNGです。

また、種苗法で登録されている品種は、許諾権をもった種苗業者でのみ取り扱いを許されているので、その証拠として苗に付着している証紙のないタグはNGです。

一年生の接ぎ木苗

育成中の挿し木苗

●青くてやわらかい枝の苗木

接ぎ木苗木は、11月の終わり頃にやっと枝が熟して掘り取り時期を迎えます。しかし、無理して早掘りしたような苗木は、枝がまだ青くやわらかい状態で、定植後の生育も劣る可能性が大きいのでNGです。

●枝の断面が扁平な苗木

苗木の生育中に日当たりが悪かったり、素性が元々悪い母樹から穂木を採って接ぎ木したものの中には、枝の断面が扁平なもの（73ページ上段の「ブドウの枝の断面図」左）があります。これらは、結実しても良質のものを得にくいデータがあるのでNGです。

●細根の量が少ない苗木

土質や管理方法によって、苗木の細根の量が決まってきます。黒土や関東ローム層の畑で育苗されたものは、水田に畝立てして育苗されたものに比べ、細根の量が圧倒的に少ないです。細根の少ないものは初期生育が劣り、根の分布がまんべんなく伸びないため、NGです。

以上に述べた「NG苗木」を避けて、素性のはっきりした元気な苗木を購入するようにします。

苗木の注文と送付時期

園芸店で実物をみて買うのもよいのですが、店頭では品種が少ないので、なるべくブドウ専門の信頼できる苗木屋さんか種苗会社から購入するようにします。最近は通販も行っているので、これを利用すると便利です。通販カタログを注文して検討し、もっとも自分に適切と思われる品種を選んでください。

本書の末尾に、主な取り扱い先を紹介しています。

注文はいつでも受け付けていますが、9～10月頃にするのがよいでしょう。遅くなるとよい苗木が手に入らなくなる恐れがあるからです。素掘り苗木の送付時期は、通年11月～翌年5月頃です。（ただし、ポット苗は通年です）

❹資材を購入する

棚仕立てでつくる場合

資材で重要なものは、なんといっても樹を支える棚です。棚には、既存の藤棚、バラのアーチ、パーゴラ、車のカーポート、テラスのようなものやビニールハウス、温室内でみられる鉄パイプ棚、支柱と針金でつくった平棚（写真Ⓐ）などがあります。

平棚には、雨よけのための屋根材が必要になりますが、もっとも簡易なものは岡山県などで一般的に使われている「トンネルメッシュ」があります（写真Ⓑ）。これは、樹全面を覆うのではなく、結実している部分とそれを支える結果枝の部分だけ、雨が当たらないように覆う資材です。

また、48ページで紹介したカーポートにブドウ棚をつくる場合ですが、平棚と屋根の隙間が、ある程度開いていることが大事です。あまり狭いと、屋根に熱がこもり、ブドウの樹と果実が暑さで焼けてしまいます。両者の隙間を最低でも50㎝以上離すように設計します。しかも平棚といっても、どちらかの方向から風が通りやすくなるよう、棚に若干の傾斜をつけてやると風が抜けやすくなります。

また、大きな面積での栽培になると、ブドウの樹と果実の重さはかなりのものになり、簡易な棚では支えきれない状況に陥りかねません。10

ビニールハウス内に支柱と針金でつくられた平棚

結果枝とブドウ房を覆うだけの簡易な雨よけ資材のトンネルメッシュ。岡山県では一般的に使われている

坪でも、100kg程度の重さがかかることになります。これ以上の重さになると、棚の施設づくりは専門業者に相談することをおすすめします。

鉢栽培に必要な資材

まずは鉢ですが、鉢栽培する場所を決めたなら、その空間スペースに合わせて、できるだけ大きめの鉢を選ぶとよいでしょう。

鉢が小さくなればなるほど早くに根が鉢内に回ってしまい、毎年、植え替えや鉢替えをしなければならなくなり、管理の手間暇が多くなってしまいます。

鉢の材質はとくに問いません、といいたいところですが、私がおすすめするのは、植えつけ1～2年間はスリット鉢（直径30㎝）に植えつけ、そこで育てた株を大きな鉢へ定植するやり方です。そのときの定植鉢としてのおすすめ鉢が、素焼きのテラコッタ、通風性がよくて軽くて丈夫なファイバークレイ素材の長方型コンテナ（横幅90×奥行き45×高さ60㎝）や正方型コンテナ（40×40×40㎝以上）などです。

これらも園芸店、JAなどで購入できますが、信頼できるブドウ苗木屋さんや種苗会社などの通販を利用するのもよいでしょう。

【作業に必要な用具類】

剪定《せんてい》バサミ　房やつる、粒の間引きや、摘芯《てきしん》などの作業に使います。

誘引用器具（テープナー、テープ）　テープナーがあると、誘引作業が楽です。また誘引用テープも、光分解性のものはゴミが出ずに便利です。

支柱　苗木の植えつけ時に、苗木を支えます。一般的な園芸棒でもかまいません。

番線　棚仕立てにするときに必要で、樹の重さに耐えられる丈夫なものを使います。

果実袋・傘　雨や鳥害など、果実を保護するのに使います。

薬剤散布器・動力噴霧器　ブドウを仕立てる大きさに合わせて、薬剤の散布器を選びましょう。

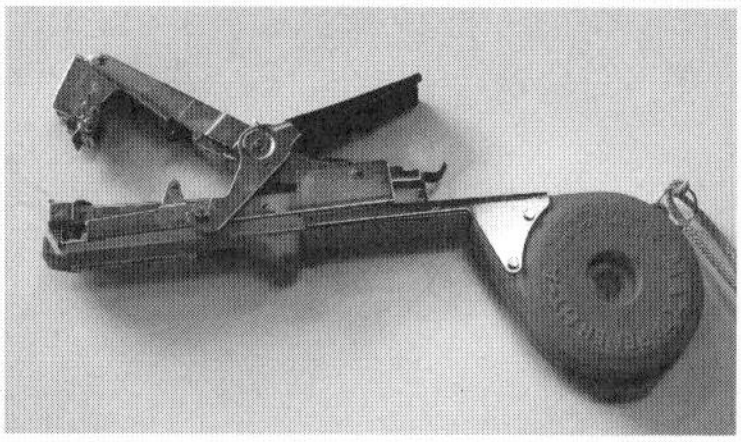

誘引時に枝の結びつけに使うテープナー

ブドウ笠

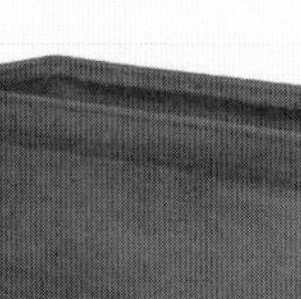

スリット入りプラスチック鉢（直径30㎝）

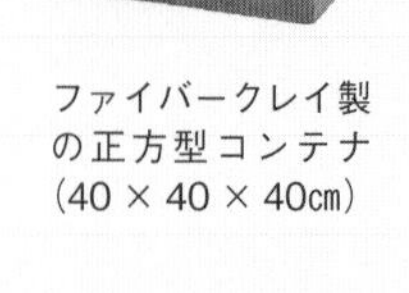

ファイバークレイ製の正方型コンテナ（40×40×40㎝）

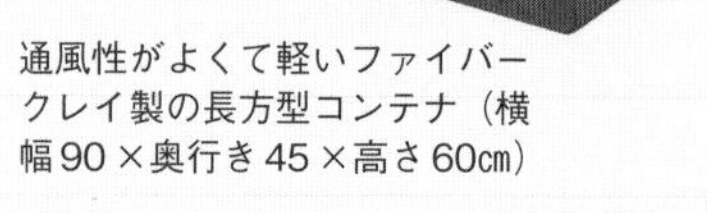

通風性がよくて軽いファイバークレイ製の長方型コンテナ（横幅90×奥行き45×高さ60㎝）

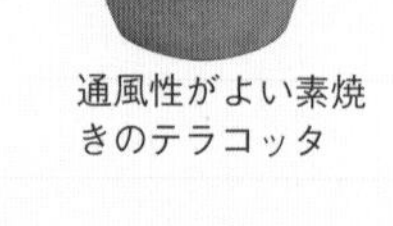

通風性がよい素焼きのテラコッタ

2 庭に植えつける

❶植えつけ期までの仮植え

素掘り苗木が送られてきたら、水に一晩浸《つ》けて吸水させます。また、品種名などが記されたタグをよく確認し、あとで品種名や購入年月日などがわからなくなることが多いので、たいせつに保管しておきます。

苗木が送られてきても、11月下旬～12月中旬の秋（初冬）植えや2月中旬～3月上旬の春植えまでに日数があるときは、庭や露地に仮植えしておきます。鉢やプランターに植えてもOKです。仮植えするところは水はけと日当たりのよい、なるべく肥料分の少なそうなところがよいでしょう。未熟な堆肥などが入っていると、根に病原菌が付着して腐らせてしまうことがあるからです。

苗木を数本購入した場合は、束をほどいて1本ずつ斜めに並べて土をかけ、上から水を十分かけてやります。凍結が心配な地域では、さらに地上部をわらや新聞紙、段ボールなどで覆ってやります。

仮植え

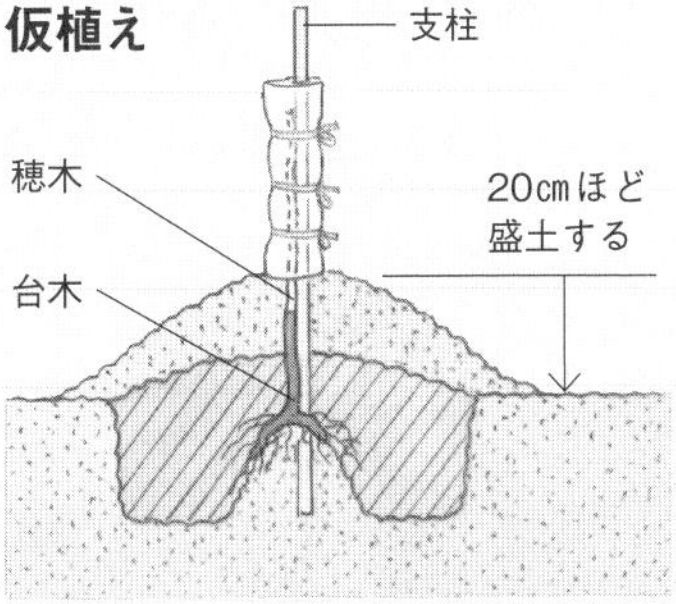

防寒用に新聞紙を４～５重に巻き、支柱に縛っておく。３月になったらはずす

❷植え穴を掘る

ブドウの苗木をみると、ほとんどが細根からなっているので、根はあまり土層深くまで伸び広がらず、地表近くに広がる程度と思われがちです。しかし、実際には、根は数年かけて土層1m近くまでは深く伸び広がっていきます。

植え穴は、できるだけ深く広く

穴の広さも、植えつけ当初は直径1m×深さ30㎝もあれば十分なのですが、植えつけ翌年には、すでに植え穴程度までは根が伸びているので、できれば植えつけ時に直径2m×深さ80㎝の植え穴が準備できれば申し分ありません。

しかし、この条件を満たすことのできない場所でも栽培は可能です。

限られた条件内で、できるかぎり大きな穴を掘って準備します。ただし、このような条件の場合は、地上部分もあまり樹冠を広げることなく、伸びる領域も限られます。

植え穴を掘るのは植えつけ1か月前に

植えつけの1か月ほど前に、植え穴を掘ります。植えつける土壌条件にもよりますが、次の項目で紹介する土壌改良には、そのくらいの準備期間が必要です。

素掘り苗木の場合、西日本であれば、11月下旬～12月中旬（雪の降る地域は降雪前に）の秋植えには、11月初旬に植え穴を準備しておきます。2月中旬～3月上旬の春植えには、1月のうちに植え穴を掘っておきます。

西日本などの比較的暖かい地方では秋植えでもよいのですが、東日本では春植え（西日本より1か月遅れの3～4月上旬）が安全でしょう。

❸土壌改良を行う

土壌改良とは、植えつける場所の土の状況によってやり方が変わりますが、目的はブドウの根が伸びやすく、しかも肥料と水分を吸収しやすいよう、そこそこの肥料と水もちをよくするために行うものです。

それには、まず雑草などの植物がはびこっている場合は、それらの根や枝をすべて取り除き、根の伸長を妨げる石ころや岩などを取り除くことから始めます。次に、家の庭の土壌条件で問題となるところを探して、改良していきます。

水はけと水もちを改良する

水はけが悪い場合は、植え穴を深く掘るのではなく、周囲の土を寄せ

植え穴の大きさ

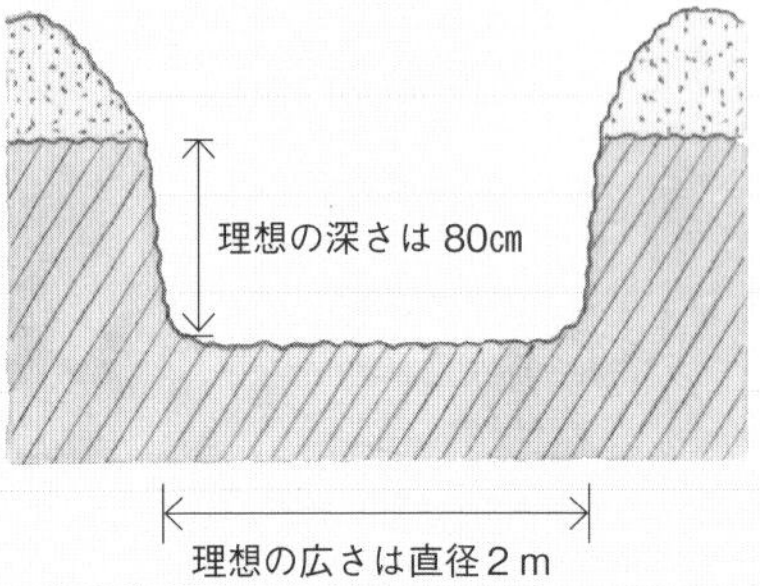

場所が広くとれないとき

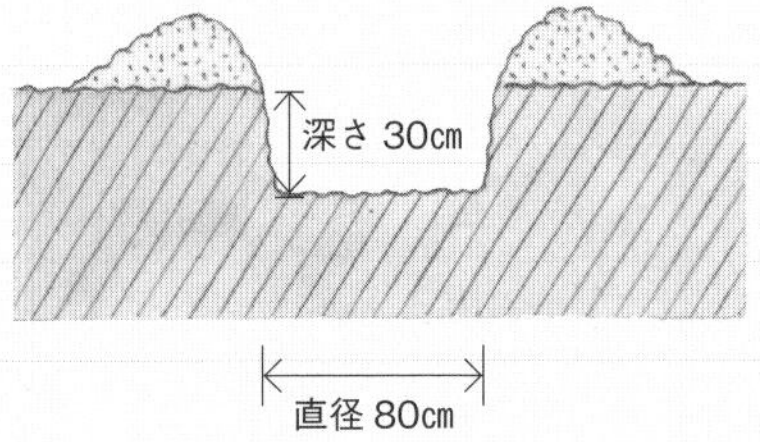

るか新しく土（客土《きゃくど》という）を運び、盛り土をした上に植えつけを行いますが、まずは植え穴を20㎝程度掘った上に客土します。この客土だけでも有効ですが、それ以外に、川砂、桐生砂などのようなものを入れて排水の改良をします。

逆に水はけがよすぎて水もちが悪い場合は、保水性の高いバーミキュライト、ピートモス、水はけもよく、水もちもよいパーライトなどを混用して改善します。

これら、水もちや水はけをよくするための土壌改良資材は、入れる土の5～20％程度の割合で用います。

施す堆肥は、かならず完熟のものを

このほか、肥沃ではない痩せた土の場合は、腐植性を増すために「ピートモス＋腐葉土＋完熟堆肥」など、各土壌改良資材は20～30％を上限に混用して改善します。

このときに用いる堆肥はかならず完熟のものを使います。

堆肥が未熟の場合、夏の暑さに当たると発酵が始まり、発酵熱で根が焼けてしまい、激しい場合は枯死してしまうので、購入するときには販売店によく確認して、かならず完熟のものを入手してください。

これらの土壌改良資材を、植え穴を掘ったときに出た土に混ぜます。

1年目冬の土壌改良作業

土壌改良は花崗岩の多い関西地方だけとはかぎらない。昨今の関東地方の住宅地などでは、コンクリートや廃材などの瓦礫を入れて地盤がつくられている。その上に建つ新興住宅が多くなってきたので、根の伸長を妨げる岩や石ころ、瓦礫を取り除くことから始めなければならない。水はけ・水もちのよい土壌改良材を用いて、かならず完熟堆肥を入れて土づくりをする

植え穴に入れる土

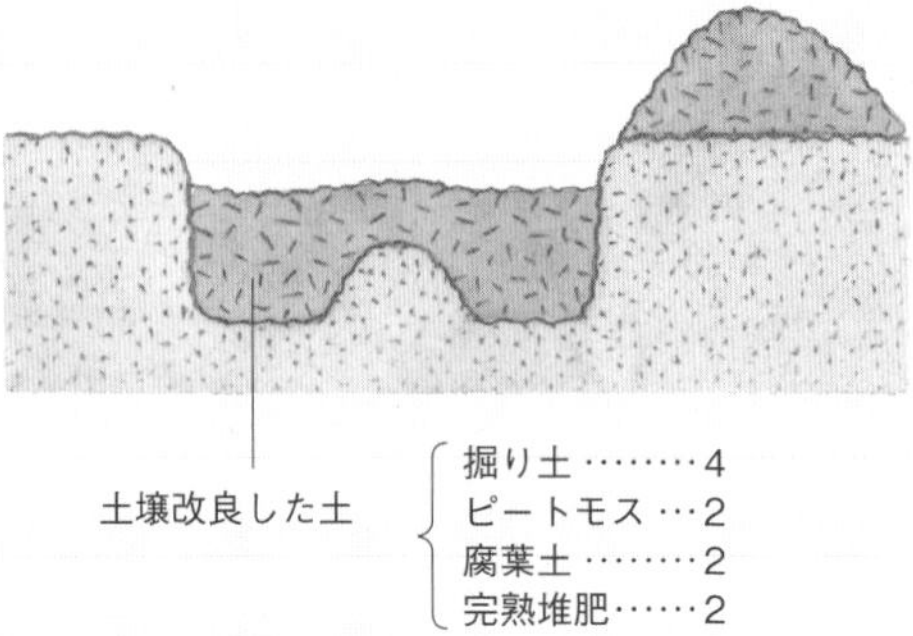

土壌改良と同時に土壌酸度の調整も行います。酸性度合いの強い場合は石灰などを用いて中性または弱アルカリ性にします。

石灰を入れる量は、ブドウ1本当たり500g程度です。また、リン酸肥料もあとから投与しても効果が出にくいので、植えつけ時に30gほどを土に混ぜます。

これらすべてを土に混ぜてから植え穴に戻します。

これで、植えつけ時の土壌改良は完了です。

掘り起こした土が粗悪な場合は、赤玉土や真砂土などに入れ替える

土壌が粗悪な場合、新しい土と総入れ替え

植える場所の土壌条件が非常に粗悪（土とは思えないような、粘土や石ころ混じりの土など）な場合は、掘り起こした土は使わず、すべて赤玉土や真砂土などに入れ替えたほうがよいでしょう。

総入れ替えしない場合は、掘り起こした土だけでは、元土の絶対量が足りなくなるので、最初から客土を30%程度足して、掘り上げた土に混ぜたあとに、土壌改良を行い、埋め戻します。

❹苗木を植え穴に植える

接ぎ木の素掘り苗木を植えつける場合は、植えつけ日の前日にバケツなどに水を張り、その中に一昼夜、根の部分のみ浸けてたっぷり吸水させておきます。ポットの苗木を植えつける場合も、同じくポットごと水につけておきます。

植え穴を掘り直し、中央部は穴のまわりよりほんの少し高めな小山をつくっておきます。これは深植えを避けるためと根を均等に伸ばすためです。

素掘り苗木は、小山の中心部から根が均等になるように広げて置きますが、根の先端は乾燥して傷んでいたりするので、根鉢（とくに根端、または根の先端）の3分の1ほどを切り戻してから植えつけます。

この作業を1人で行う場合は、絶対に根から手を離さず、地面に対し垂直になるよう植えつけますが、片手で苗を支え、もう一方の手で少しずつ土をかぶせていきます。根が見えないくらいにある程度埋め戻したら、指先でやさしく根と根の間に空洞ができないよう、しっかりと土を入れて固定していきます。

あとは、すべての土を埋め戻し、接ぎ木部よりも2㎝ほど低いところで土が台木が納まるように高さを調整します。水やりしたときに水がもれないよう、植え穴の外周を土で水鉢をつくると完成です。ポットの苗でも、同じように植えつけます。

上が周年植えつけ可能なポット苗。下が水田で育成された素掘り苗

植えつけたら苗木を切り戻す

植えつけ後は、かならず苗木を切り戻しますが、鉛筆よりも細いような苗の場合は接ぎ木部から30㎝、鉛筆かそれ以上の太さであれば50㎝程度の高さで切り戻して、支柱を立てます（60ページ参照）。

❺施肥と水やり

植えつけ後はたっぷりと水やりを行います。霜や雪が降る地域は、寒さと乾燥から苗木を守るために、さらに土盛りをしたり、新聞紙を4～5重にまいたりします。

肥料は、土壌改良のときに投入した堆肥や石灰などの成分量を考えて与えます。やや控えめのほうが健康に育ちます。また、水やりは、庭植えではある程度放任してかまいませんが、梅雨明け後、高温になる時期にはしっかりと与えます。

植え穴に素掘り苗を植えつけたら、穂木を切り戻し（上）、支柱を垂直に立て、テープで結ぶ（左）

苗木の植えつけ

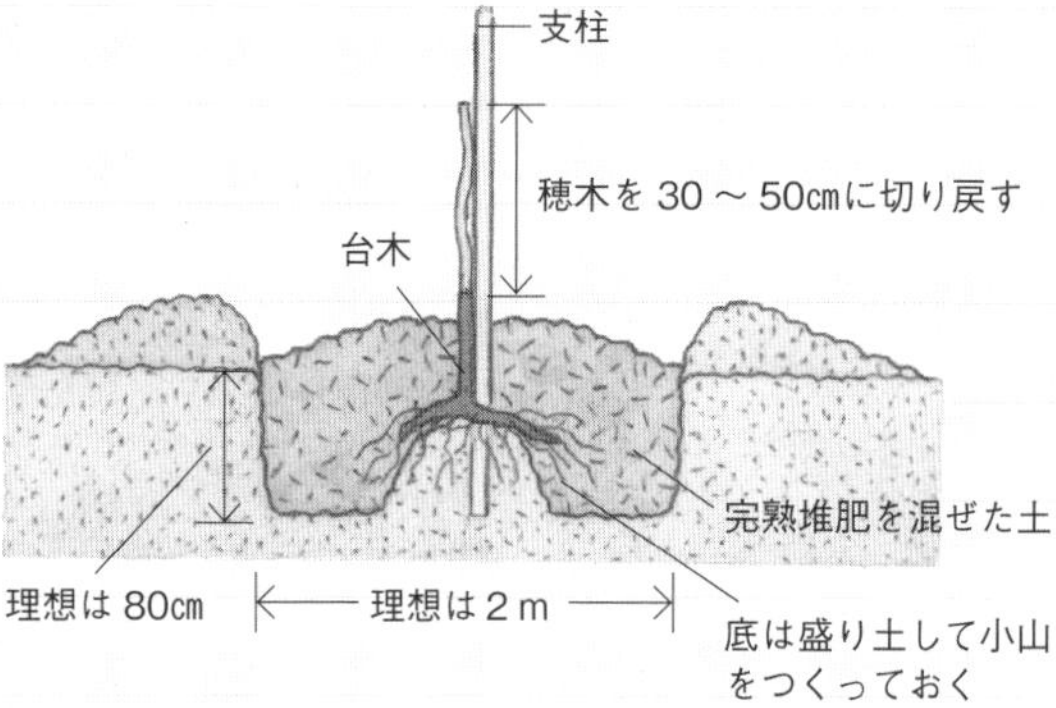

❻仕立て方

ブドウはつる性なので、どのような形にでも仕立てることができます。庭先や玄関先に、ブドウ棚にできるようなカーポートやテラスがあったり、庭に新規に棚を設置できるスペースがある場合は棚仕立てにするとよいでしょう。

あまり庭が広くない場合は、地面に対して垂直に仕立てていく「垣根仕立て」（67ページ）がおすすめです。

ほかに本格的なブドウ栽培の仕立て方としては、主枝を左右に1本ずつ伸ばす「2本主枝型自然形整枝」（98ページ）や、主枝4本でH型にする「H型整枝」（101ページ）などがあります。

どのような仕立て方をするにしても、庭植えの場合は、骨組みとなる枝は半永久的に使います。ですから、毎年、しっかりと剪定をして、丈夫な樹をつくっておかなければなりません。

3 鉢に植えつける

❶植えつけの準備

通気性と水はけのよい鉢を用意する

植えつけ適期は、素掘り苗木の場合は、前述の庭植えと同じです。ポット苗の場合は周年可能です。

苗木は、通常販売されている素掘り苗木、挿し木ポット苗木のどちらでもかまいません。

庭植えのときと同様に、苗木が送られてきたら水に一晩浸けて吸水させ、植えつけ適期までに日数があるときは、水はけと日当たりのよい場所に土植えで、仮植えしておきます。

マンションのベランダなどでは、鉢やコンテナにすぐ植えつけてもかまいません。

植物の根は水や養分とともに酸素も吸うので、通気性と水はけのよい素焼きのテラコッタ、または軽くて丈夫で通気性のよいファイバークレイ素材のコンテナ（54ページ）がよいでしょう。

本書では横幅90cmの長方型のコンテナを使っています。

素掘り苗木の場合

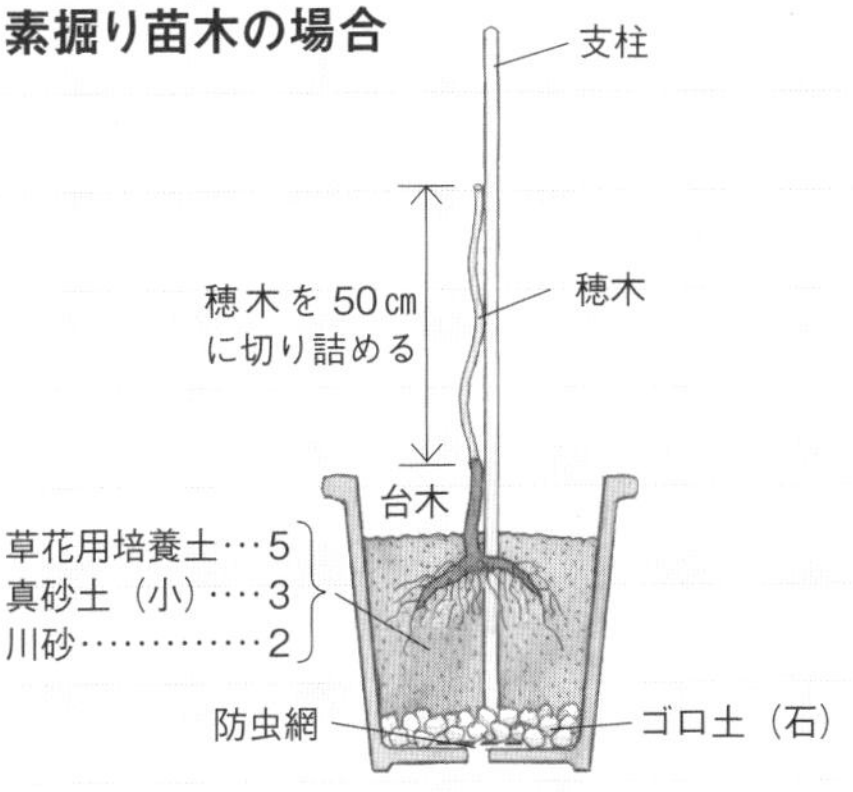

鉢に入れる用土

基本的には市販の草花用培養土と真砂土（または赤玉土）、さらに川砂を5：3：2の割合で、水はけをよくしたものがよいでしょう。

また、ブドウは強酸性では生育が劣ることがあるので、培養土約20ℓに対し10g程度の苦《く》土《ど》石灰《せっかい》を混ぜて、かならず土壌の酸度矯正を行います。熔リンも根の生育には必要なので、同様に10g程度を培養土に混ぜて用います。

雨よけでき、日当たりと風通しのよいところに

大きな鉢やコンテナは、用土を入れると重い鉢になって、簡単に移動ができなくなるので、場所選びはしっかり考えましょう。

ブドウは一部の品種を除き、雨に

当たれば当たるほど病気の発生が多くなります。

　したがって、雨よけができる、日当たりと風通しのよいところに置き場所を決めます。

　いいかえれば、雨よけさえできれば、日当たりのよい軒下やデッキ屋根の下、カーポートなどでもかまいません。

❷植えつけ

❶まず植えつける前日に、素掘り苗木、ポット苗木のいずれの場合も、バケツに張った水に根を一晩浸けておきます。
❷鉢穴を防虫網でふさぎ、鉢底にゴロ土（またはゴロ石）を入れ、その上に用土を少し入れます。
❸植えつけ寸前に、コンテナの大きさに関係なく、素掘り苗木はすべての根を10㎝程度まで切り詰め、落葉休眠期のポット苗木の場合は底の部分と脇部の根をピンチするようにハサミを入れて新根が出やすいようにしておきます（ただし、生育期の苗は、根の処理はしません）。
❹根を切り詰めたなら、根を広げて鉢の中央部に置き（写真Ⓐ）、その上から用土を少しずつ入れます。割り箸などでつついて根の間に用土がよく入るようにし、苗を垂直に植え、残りの用土を入れます（写真Ⓑ）。
❺植えつけを終えたら、素掘り苗木は高さ50㎝に切り詰めます（写真Ⓒ）。
　ポット苗木は、入手した苗木の規格に合わせて切る場所を決めます。
❻たっぷりと水を与えてから、支柱を立てます。

❸仕立て方

棒仕立て、あんどん仕立てなどいろいろな仕立て方があります。

　私の経験上、もっとも手間がかからず、それでいて収穫量が多かったのが、少し大きめのコンテナでトレリス（棚）仕立て（自称「3段トレ

根を10㎝切り詰めた素掘り苗は、草花培養土5＋真砂土3＋川砂2の用土の中央部に置く

根の間に土が十分入るようにし、苗を垂直にしてから残りの用土を入れる

植えつけを終えたら、素掘り苗は上部から50㎝を残して切り戻す

リス仕立て」）の鉢栽培（写真Ⓓ）でした。その経験上から、本書では、その「3段トレリス仕立て」を紹介します。

植えつけ時の根の処理

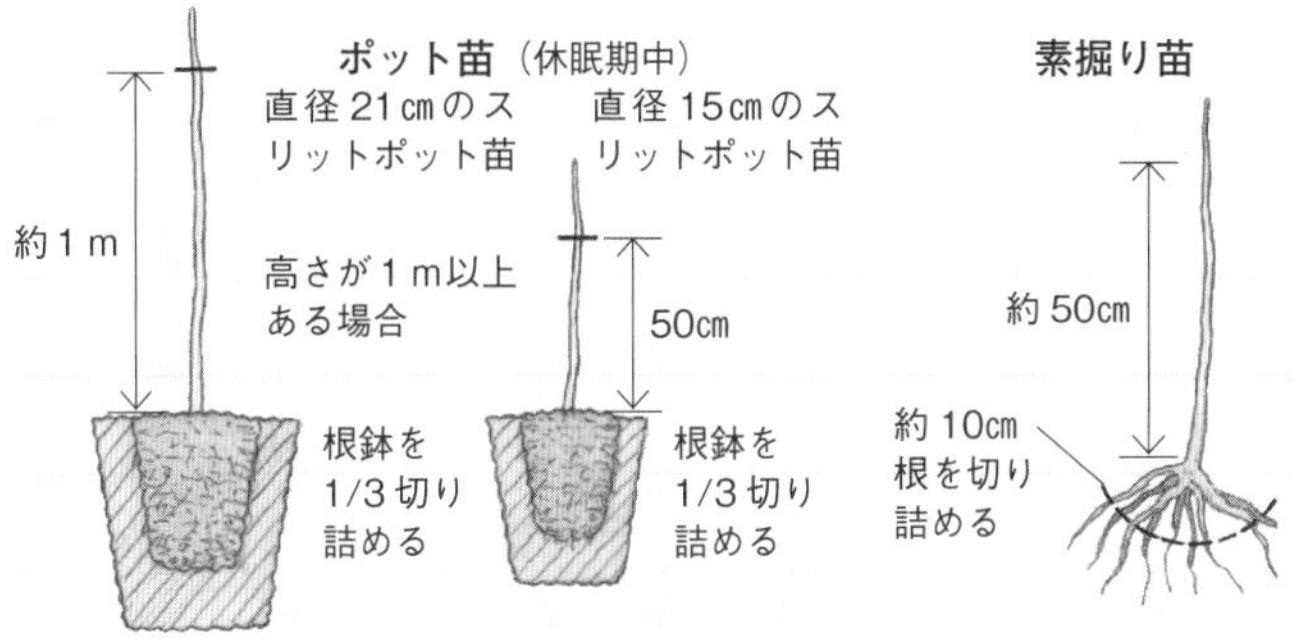

3段トレリス仕立て

❶植えつけた年の6月中旬頃、植えつけ表土から60㎝上に発生した新《しん》梢《しょう》を左右1本ずつ活かして主枝2本とし、それと主幹からまっすぐ伸びる延長枝の計3本を残して、それ以外の新梢はすべて切除します。

❷残した2本の主枝（1段目）と主幹の延長枝の計3本は、すべて落葉後に2芽《が》を残して切り戻します。ただし、主幹の延長枝だけは主枝の基部から60㎝残して切除します。

❸2年目も、1年目と同じ要領で6月中旬頃に作業します。1段目から60㎝上に新しく発生した新梢を左右1本ずつ活かして主枝2本（2段目）とし、主幹の延長枝は1段目主枝の基部から60㎝残して切り戻し、残りの枝はすべて切除します。

　このとき、1年目に伸ばして切り戻した1段目の左右2本の主枝からは、数本の枝が出ますが、そのうちの先端部分から発生した枝を1本残し、残りの枝は切除します。この左右2本の伸びた主枝から、3年目に花穂《かすい》をつけた結果母枝が発生し、初めて結実させます。

❹3年目も6月中旬頃に、1、2年目と同じ要領で3段目の主枝づくりをします。ただし、主幹の延長枝の3年目の処理は、延長枝の60㎝上に左右に伸びた新梢を1本ずつ残して3段目の主枝とし、延長枝は摘芯《てきしん》します。落葉後は、1、2年目と同様に1〜3段の主枝は切り戻します。

❺こうして、植えつけてから3年目

主幹60㎝ごとに主枝を左右に毎年つくる3年目の3段仕立て

3段トレリス仕立て

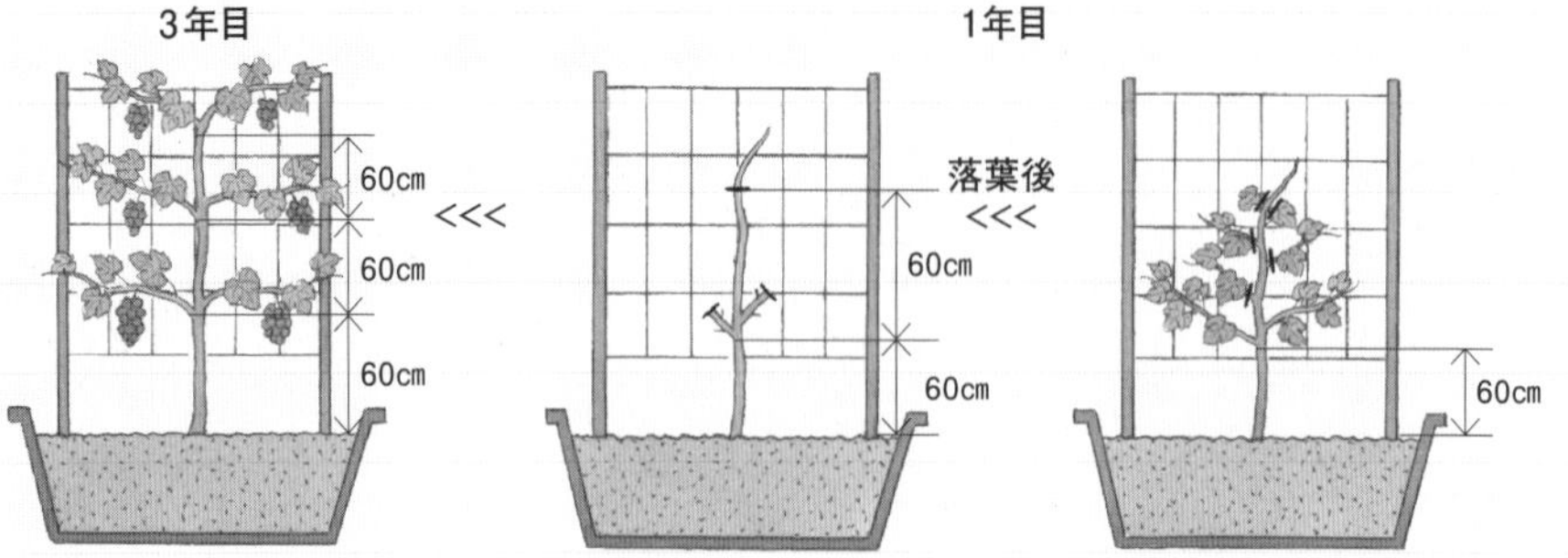

3年目に3段の棚仕立てになる。毎年落葉後に、主幹は摘芯し、主枝は各2〜3芽残して切り戻し、一定の大きさを保って管理

主幹から伸びた枝は60㎝を残し、新梢2本は各2芽を残してカット。2年目も同様に行う

6月中旬に、主幹から伸びる枝と表土から60㎝上に出てきた左右の新梢２本（主枝用に）のみを残し、それ以外はすべてカット

に3段のトレリス仕立てのブドウ栽培が完成し、3段の左右に伸びた主枝に結果枝が発生して花芽《かが》がつき、結実します。

その後は毎年、落葉後に2〜3芽残して主枝を切り戻し、3段仕立ての大きさを保って作業管理をしていきます。

大きめのコンテナなら植え替え不要

横幅90㎝くらいの大きめのコンテナであれば、植えつけてから3年目までは植え替えの心配がありません。

植え替えが必要になったとしても、毎年、直径3㎝ほどの鉄パイプを、鉢土の数か所に直角に打ち込んで穴をあけ、そこに新しい培養土（植えつけ時と同じ配合で）を入れます。そうすることによって、植え替えと同じ効果が現れるので、植え替えの重労働が不要となります。

毎年、鉄パイプで開けた穴に培養土を入れると、植え替え効果がある

④施肥と水やり

肥料は油粕に骨粉を混ぜた玉肥（市販のもの）をやります。

植えつけ1年目は20gほど（直径2〜3㎝の玉肥4〜5個）、2年目は50gくらいを、植えつけ1か月後（2年目も同じ頃）と6月上旬の2回に分けてやります。収穫が始まる3年目以降は、前記の2回と収穫後に50〜80g（結実量による）を、計3回与えます。

水やりは、生育中は切らさずにやります。落葉休眠期には1週間に1回、極端な乾燥を避ける程度の水やりで十分です。

ブドウでグリーンカーテンをつくる

近年、つる性植物を窓際や壁面の一面に這《は》わせ、室温を下げることを目的に日よけとして栽培されたものがグリーンカーテン（緑のカーテン）と呼ばれ、人気を呼んでいます。実際に、植物をこのように栽培することで、室内と外気の温度差が顕著に現れ、これによってエアコンの使用が減ってきた、というデータが報告されるまでになってきました。

ブドウでも、このような仕立て方

をすることで、同じような効果を得ることができます。

グリーンカーテンに向くブドウ品種

米国種系雑種のマスカット・ベリーAやアメリカ種のアーリー・スチューベン（バッファロー）、デラウェア、ナイヤガラ、キャンベルス・アーリーなどがおすすめです。中でもマスカット・ベリーAは生育が旺盛で葉も大きく、グリーンカーテンに向いています。

垣根仕立てと誘引

グリーンカーテンづくりでは、庭植えでも鉢植えでもブドウのつるを窓の外側に垂直方向に誘引する「垣根仕立て」が適しています。軒下の狭いスペースでも仕立てていくことができるからです。

まず横に枝を伸ばして、その年の

主枝から垂直に伸びた新梢

ひもなどで新梢を誘引する

垂直に伸ばす新梢の間隔は 20 ～ 25㎝が適当

垣根仕立て

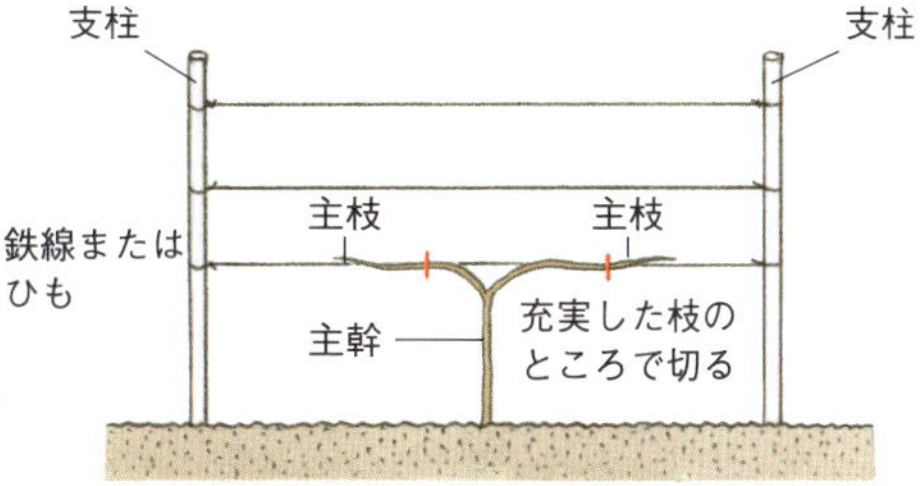

植えつけた1年目の冬の剪定

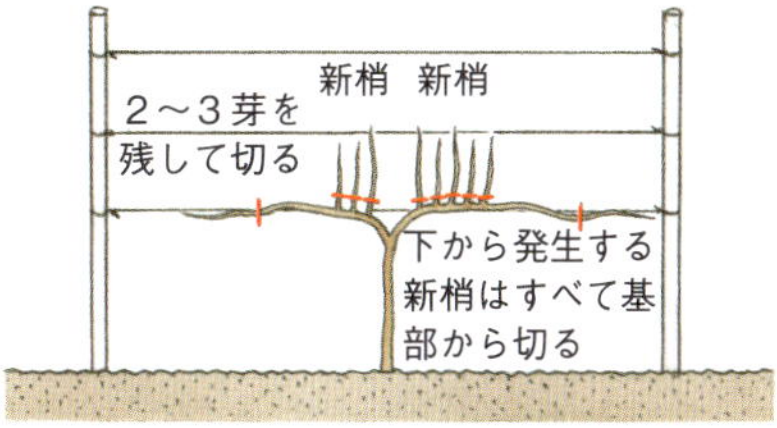

2年目の冬の剪定

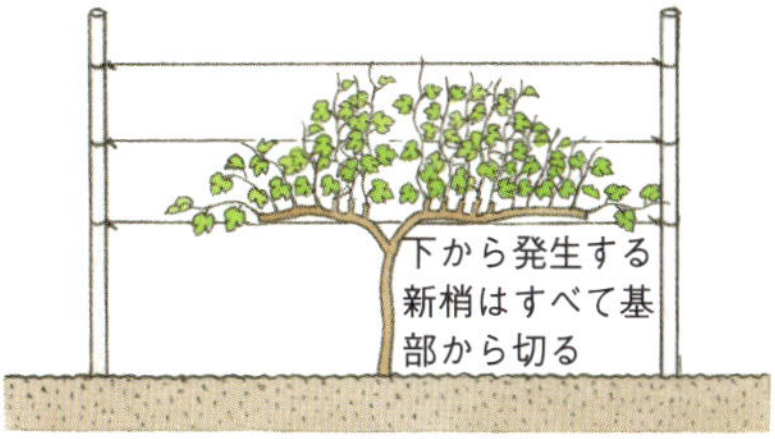

3年目の夏の状態

冬に充実した部分で切り、これを主枝とします。

2年目の冬に、その年に伸びた新梢の基部に発芽した2～3芽を残して切り、新梢（亜主枝）の側枝に結果母枝がつくように育てます。

春になってこれらの結果母枝から発生する結果枝をそれぞれ1本にして、これに結実させます。3年目の冬にこれらの結果枝の基部の2～3芽を残して切り、次年度の結果母枝とします。結果母枝の間隔は20～25㎝くらいが適当です。

結果母枝は、年数を経るとしだいに長くなるので、できるだけ基部で切り戻すように努め、主枝から出る芽があったら、これに切り替えます。

棚仕立てで楽しむ ブドウのカーテン

もちろん、垣根仕立てだけではなく、軒下のパーゴラやカーポートの屋根下に、地面と並行してつるを這わせる棚仕立てでも、グリーンカーテンをつくることができます。

つくり方は一般的な棚と同じで、地面と垂直につるを這わせて、1年目の冬に側枝をすべて切り、2年目に屋根まで伝わせたら、冬に2～3芽を残して側枝を切ります。これを繰り返して、徐々に屋根全体に主枝と側枝を伸ばしていきます。

3年後には、6月くらいから天井までブドウの葉が生い茂り、棚の下で、緑の涼やかな空間を楽しむことができます。

みごとにグリーンカーテンに。棚仕立てのナイヤガラ（10年もの）

棚の下は涼しいだけでなく、ナイヤガラの甘い香りも漂う

第4章

おいしいブドウ栽培 パート2

生育に合わせた12か月の作業

ブドウの1年間の生育サイクルは、大きく5つに分けられます。それぞれの時期ごとに、生育状況の特徴とそれに合わせて行う作業をまとめて解説しました。専門的な内容に及んでいるところもありますが、正しい知識を身につけて、おいしい果実を収穫しましょう。

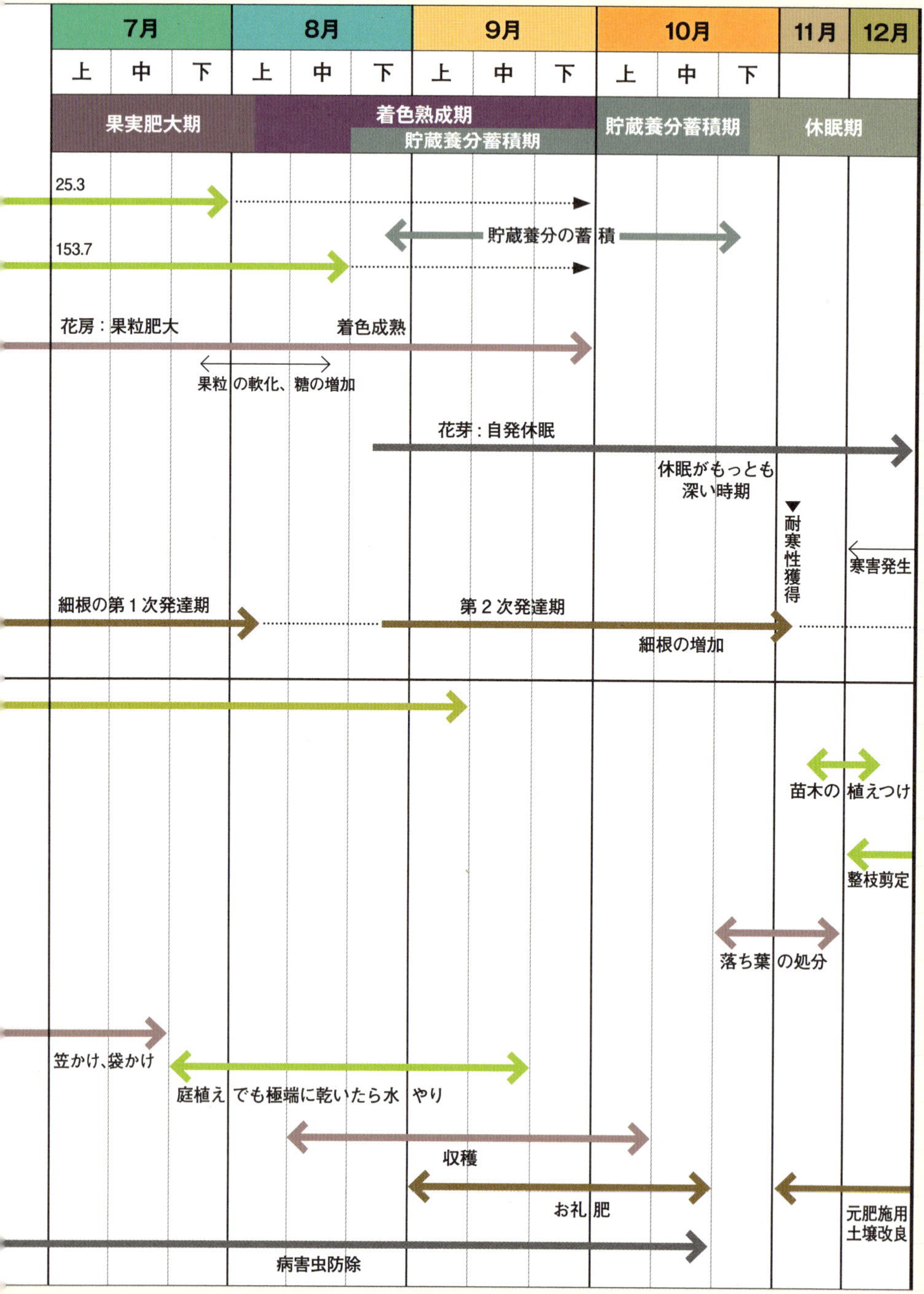
7月
8月
9月
10月
11月
12月
上
中
下
果実肥大期
着色熟成期
貯蔵養分蓄積期
貯蔵養分蓄積期
休眠期
25.3
貯蔵養分の蓄積
153.7
花房：果粒肥大
着色成熟
果粒の軟化、糖の増加
花芽：自発休眠
休眠がもっとも深い時期
耐寒性獲得
寒害発生
細根の第1次発達期
第2次発達期
細根の増加
苗木の植えつけ
整枝剪定
落ち葉の処分
笠かけ、袋かけ
庭植えでも極端に乾いたら水やり
収穫
お礼肥
元肥施用
土壌改良
病害虫防除

ブドウの生育サイクルと主な作業（関西平野地基準）

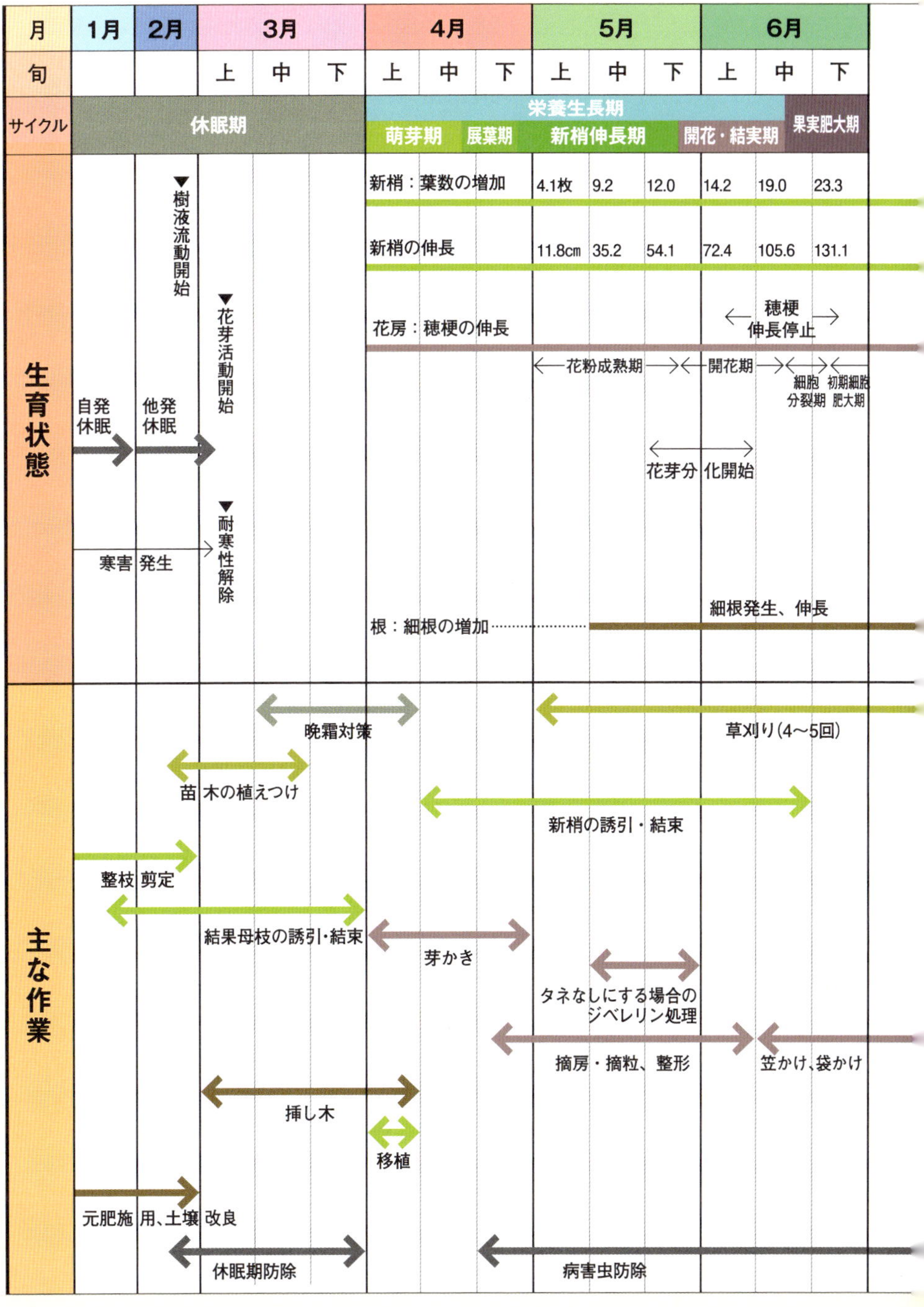
月
1月
2月
3月
4月
5月
6月
旬
上
中
下
サイクル
休眠期
栄養生長期
萌芽期
展葉期
新梢伸長期
開花・結実期
果実肥大期
生育状態
▼樹液流動開始
▼花芽活動開始
自発休眠
他発休眠
▼耐寒性解除
寒害発生
新梢：葉数の増加
4.1枚 9.2 12.0 14.2 19.0 23.3
新梢の伸長
11.8cm 35.2 54.1 72.4 105.6 131.1
花房：穂梗の伸長
穂梗伸長停止
花粉成熟期
開花期
細胞分裂期
初期細胞肥大期
花芽分化開始
根：細根の増加
細根発生、伸長
主な作業
晩霜対策
草刈り（4〜5回）
苗木の植えつけ
新梢の誘引・結束
整枝剪定
結果母枝の誘引・結束
芽かき
タネなしにする場合のジベレリン処理
摘房・摘粒、整形
笠かけ、袋かけ
挿し木
移植
元肥施用、土壌改良
休眠期防除
病害虫防除

1—① 栄養生長期の特徴

4月〜6月中旬

① 生理、姿からみた特徴

栄養生長期（萌芽《ほうが》期→展葉《てんよう》期→新《しん》梢《しょう》伸長期→開花・結実期の4月〜6月中旬まで）は、木の貯蔵養分が生長を支配しています。その中でも根に含まれる炭水化物（デンプン）とタンパク質が、酵素によって水に溶け、樹体内の各部分へ栄養として運ばれていきます。貯蔵養分はとくに萌芽期（写真Ⓐ）に多く使われますが、展葉し葉数が増えていくにしたがって、新しく葉でつくられたデンプンが木に栄養をもたらすようになります。

後述するようにこの時期の管理作業には、芽かきと摘芯、摘房と花房の整理、新梢の誘引、そして開花前後に行われるジベレリン処理など、多くの作業があります。

これらの作業の目標は、開花前までに各新梢の生長量をそろえ、新梢内の栄養調節を行うことにあります。

新梢は展葉後急速に伸び、開花前の50日程度の間に、1年間の伸長量の3分の2から2分の1ぐらいが伸びます。

この時期に年間の3分の2も伸びた新梢は、その後の生長量は非常に少なく、逆に2分の1程度しか伸びなかったものは、その後の生長量が多くなることが予測できます。

芽が膨らむ

これら生長にばらつきが起こる原因は、結果母枝の充実が悪いためです。その原因の1つは、前年の新梢の徒長《とちょう》、萌芽不良、結果過多、病害虫、生理障害による早期落葉など、栽培技術によって改善できる人為的要因です。

2つ目は、前年の休眠開始から萌芽までの間の気象的要因で、気温、日照、降水量、台風などの自然的要因が挙げられます。

② よい結果母枝とは

落葉後、剪定《せんてい》時に判断されるべきですが、長さ1・5m前後で、先端から3分の1程度は枯れています。3m以上伸びているものは徒長枝です。節部分は動物の節間のように膨らんでいて、節間は7〜9㎝です。

ブドウの枝の断面図

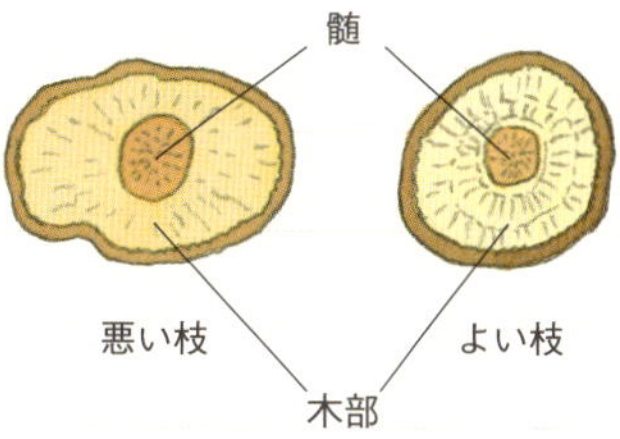

よい枝は断面が円形で髄が小さい

ハサミで切った枝の横断面は、髄《ずい》が小さく、木部は青みをもって丸く、しかもきめが細かいものです。枝の色は黄褐色で、基部は白い粉を帯びたようになっています。

　このような形質をもった結果母枝がそろっていれば、新梢の生長はばらつきが少なく、花房もそろい、開花も一斉に進んでいきます。

❸花房の生長過程

よい結果母枝と悪い結果母枝

よい結果母枝：芽も大きく、枝もよく充実している

悪い結果母枝：芽が小さく、花芽の発育が悪い

悪い結果母枝：徒長枝で芽が三角形扁平で、枝の充実が悪い

　ブドウの花芽《かが》（写真Ⓑ）は前年の6月上〜中旬に分化を始め、ほぼ1年がかりで発達していきます。ブドウは混合芽といって1つの芽の中に花房と新梢の2つがいっしょに入っています。

　そのため、モモやウメなどのように単芽で1つの芽の中に花芽または葉芽だけしかないものは冬までに花芽分化を完成させます。一方、ブドウの芽は発育の途中で分化を止めて越冬し、春になって発育を再開し5月に完成を迎えます。

花芽

　花芽の形成は前年に行われますが、花房の形、大きさ、とくに花粒の数は分化を再開した春先の養分の多少によって決定されます。

　とくに短梢剪定（99ページ）では、新梢の根元の芽の分化、発達の遅れた芽を利用することになるので、早春からの分化、発達過程がいかに重要であるかが理解できると思います。また、冬のあとの早春からの花房の発育が、とくに花数、花房の大きさを支配するので、強い剪定ほど花数の多い、大きな花房をつくり出すということになります。

このように、ブドウはほかの果樹と違って、萌芽前に花器が完成するので、萌芽前の樹液の流れが非常に激しく行われている時期に花数と花房の大きさが決定します。

④ねむり病（冬害）の発生

ブドウは冬の間に低温や乾燥などによって障害を受けやすい果樹です。これは、症状の軽いものから重いものまであり、軽いものは生育期間中に回復してしまい、気がつかないこともあります。

初期生育に異常を示し、気がつく場合もあります。萌芽・展葉期の異常は凍害による場合が多く、この凍害が極端に現れたものを一般に冬害、乾害、または「ねむり病」などといっています。

具体的には早春の萌芽・展葉期頃からですが、重い症状の場合は亜主枝、主枝、主幹にひび割れが生じ、引き裂かれるので発見することができます。また、ひび割れが軽い場合でも、地下部から水を吸い上げ始める（水が回り出す）と、ひび割れの箇所から樹液が流れ出すので、発見することができます。この場合はいずれも重症で、地上部は枯死してしまいます。

ひび割れが生じていない場合は、樹液は出ませんが、樹体全体が乾燥し、結果母枝の芽が枯死している場合は、萌芽・展葉はまったく生じません。症状が軽い場合は、萌芽・展葉はしますが、萌芽時期が異常に遅れ新梢の生長は止まり、最終的には枯死します。また、部分的に側枝がねむり病にかかり、樹冠が部分的に枯死し、残された部分が、のちに異常な発育をして部分的に過繁茂になることもあります。

ねむり病には、これ以外に新梢伸長期の中頃や果実肥大期の末期頃に新梢と結果母枝との間に離層ができて、新梢がボロボロと落ちたり、果実肥大末期では、葉が脱水状態になり、緑色が薄れて葉の縁が内側にまたは外側に巻き、果房は肩の部分の果粒が日焼け症状を起こして果肉がへこみ、へこんだ部分が褐変したりという症状が現れます。

これが進むと、房の上部から下部へと移り、次に穂軸が萎ちょうして枯死してきます。

ねむり病はいろいろな形で現れるので、栽培上戸惑うことの多い障害です。

⑤ホウ素欠乏症

ブドウの要素欠乏というと、ホウ素、マンガン、マグネシウム、カリの４つが知られています。窒素、リン酸についても欠乏症はありますが、これは樹勢の良否から判断できます。先に挙げた４つの要素の中で、この時期に発生する主な要素欠乏症はホウ素欠乏症です。

これはすでに休眠期の樹体中で生じていると、萌芽不良またはねむり病になります。生育が進んでからの欠乏症の発生は、細胞分裂がさかんに行われている新梢先端の生長点や展葉中の葉、展葉直後の葉などに加え、つぼみの形成がさかんな花と房とに現れてきます。

症状としては、先端の節間が急に細く短くなります。展葉中の葉は奇形になり、展葉直後の葉は小さくなります。葉色も黄色になり油浸《ゆしん》状の斑点《はんてん》ができます。花房も奇形になり、わん曲し、花粒数は非常に少なく小型になります。

1―② 栄養生長期の作業

❶ 芽かきと摘芯

［植えつけ１年目］　植えつけ１年目は、地上部は30～50㎝程度で切り詰めているので、発生した新梢のもっとも強いもの（主幹候補）を支柱に誘引し、ほかの弱い新梢は摘芯《てきしん》します。主幹候補の枝と同じ強さのものは元から切り取ります。

［植えつけ２年目］　前年に伸びた新梢の延長方向の先端に近い部分から第１主枝候補を選び、反対方向に棚の下30㎝の範囲で第２主枝候補の新梢を選んで誘引します。植えつけ１年目の苗木は萌芽が遅れ、７～８月の盛夏期から伸長が始まり、落葉期まで伸びます。

それに比べ２年目の萌芽はよく伸びますが、萌芽初期は伸びが悪いことがあります。このような傾向にある場合は、芽かきを強めに行い、主枝、亜主枝候補の枝を強く伸ばすようにします。

［植えつけ３年目］　２年目は、根が土壌中によく張っていると３年目の新梢の伸びは非常に旺盛になります。２年目に比べ芽かきはあまり急ぐ必要はありません。

副芽を取り除く（次ページイラスト参照）

萌芽3～4週間後に樹勢をみながら行います。この場合、徒長ぎみの枝は芽かきを行いません。できるかぎり樹体内にデンプンの蓄積量を増やすようにします。

❷ 摘房

ブドウは放置すると、間違いなく結果過多になる果物です。したがって、この時期に果房を間引いて適性な結果調整を行うことが、良質な果実を収穫するためには必須の作業となります。しかも、品種によって特性が非常に異なり、また房の大きさも異なるので、適性な結果調整が重要となります。

ブドウ栽培では品種それぞれに収量目標があります。10a当たり欧州種系では2・5～2・8t、米国種系で2・5t、ピオーネなど欧州種系に近い近縁雑種では2～2・5tです。

芽かきのやり方

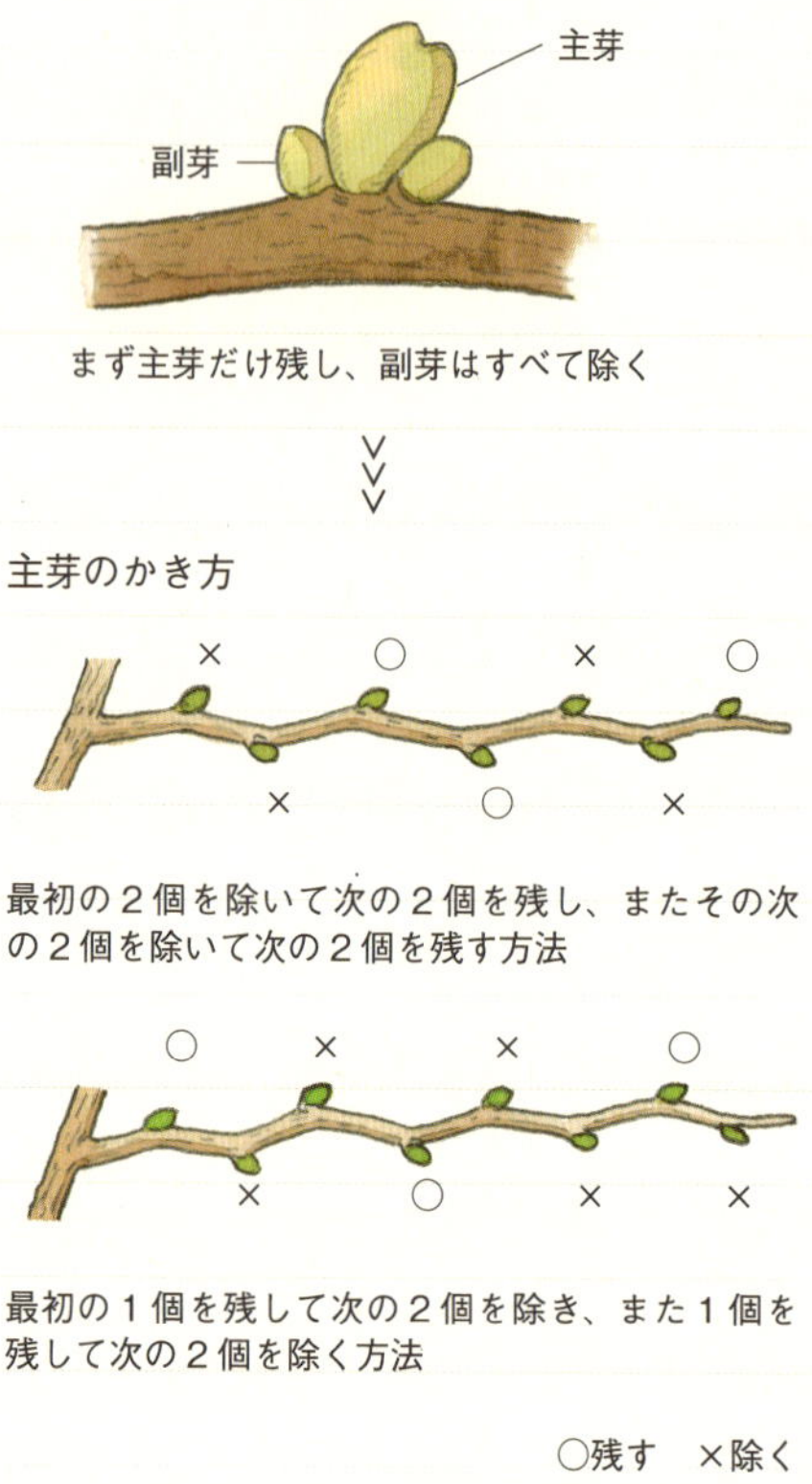

まず主芽だけ残し、副芽はすべて除く

最初の２個を除いて次の２個を残し、またその次の２個を除いて次の２個を残す方法
最初の１個を残して次の２個を除き、また１個を残して次の２個を除く方法

これを標準に、作出する房の大きさの目標を定め、まずは1㎡当たり、または1本当たりの着房数を決めて果房の整理を行います。

［摘房の時期］ 第1回目の芽かきが終了後、新梢の強さ、房の形がはっきりと区別できるようになればいつでもよいです。しかし、大粒大房系の品種は花房の生育のために多量の養分を急激に消費するので、できるだけ早い時期が望ましいです。

また、ジベレリン処理を行う品種では、房の整理はそれ以前に終えておく必要があります。第1回目の芽かきが終わったなら、早いうちに処理しましょう。

［摘房の程度］ 新梢の強さと、1㎡当たりの房数とによって摘房の程度を決めます。例年、170～200㎝になりそうな強い新梢は、デラウェア、アーリー・スチューベン（バッファロー）では3房残します。

マスカット・ベリーAやキャンベルス・アーリーでは2房、それ以外の大粒系品種では1房のみとします。

150㎝前後に伸びそうなものは、デラウェア、アーリー・スチューベンでは2房、マスカット・ベリーA、キャンベルス・アーリーでは1房、大粒系では車数を10段にして1房利用します。

100㎝くらいのやや弱い新梢では、デラウェア、アーリー・スチューベン、マスカット・ベリーA、キャンベルス・アーリーで1房にし、大粒系では9段くらいの中房にして利用します。

60～80㎝以下の新梢は、房がついてもすべて摘房します。

花房の各部の名称

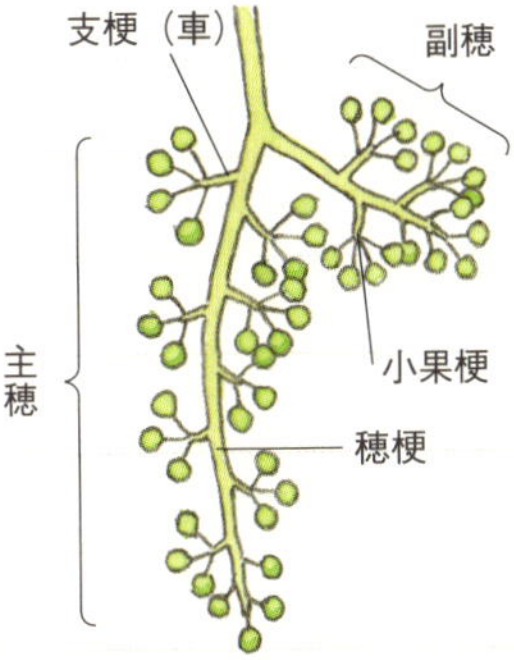

❸ 果房の整形

副穂《ふくすい》（大岐肩《たいきけん》）と第1支梗《しこう》（以後は車《しゃ》と表記）、第2車を切除して（写真Ⓐ）、房先も切り詰めて房の大きさを制御します（写真Ⓑ）。車の段数を10段くらいにすると、成熟期の果房は300～400gとなり、ほぼ適当な大きさの房になります。車を12段にすると500～600gとなり、巨大な房になります。新梢の強さに応じて10段にするか12段にするかを決定します。

❹ 大粒系品種の摘房と果房の整形

大粒系の品種群は元来、花ぶるいの激しい品種です。

しかし、基本的には剪定と芽かきを正しく行えば、安心して結果させることができる品種です。まずは、冬の剪定で十分な注意が払われていれば、房の整形、整理は早いに越したことはありません。

とくに、剪定、芽かきと関連した作業で新梢の伸び方が調節された場合は、開花後2週間頃までにほぼ終わり、その後のついている房の状態で軽く仕上げを行います。

［摘房の整理］ 大粒系品種の果房は開花前2週間くらいから生育が激しくなり、逆に新梢の生育は弱まります。弱剪定を行って結果母枝を多くとった場合は、発生する新梢数が多

いため、果房数が多くなり、新梢の伸びは弱くなり、葉数が減り果粒のつき方が粗くなる傾向があります。

　このような場合、房の整理は、開花3週間前くらいに、できるだけ早めに行います。また、このときに生育の弱すぎる枝はすべて摘房しておくことも必要です。

　この品種群は、母枝の先端に発生した特別に強いと思われる新梢だけ2房にし、他の枝についた房はすべて1つにします。

　強剪定を行った場合は、芽かきや房の整理は新梢の様子をみながら行います。場合によっては開花前には行わず、誘引だけして太陽光がよく当たるようにし、落花後に結果状態をみて房の整理を行います。しかし、このような場合でも大きな房や副穂を切り詰めると、果粒のつき方はよくなります。

［果房の整形］大粒系品種の花房は非常に大きくなりがちで、副穂や岐肩、車（支梗）も長く垂れてきます。したがって、これらの副穂や岐肩、大きな車は切り取り、果房の中間部から下部の車を利用してならせることもあります。この方法を利用したほうが花ぶるいしにくいという結果が出ています。しかし、一般的には

巨峰の花房の整形

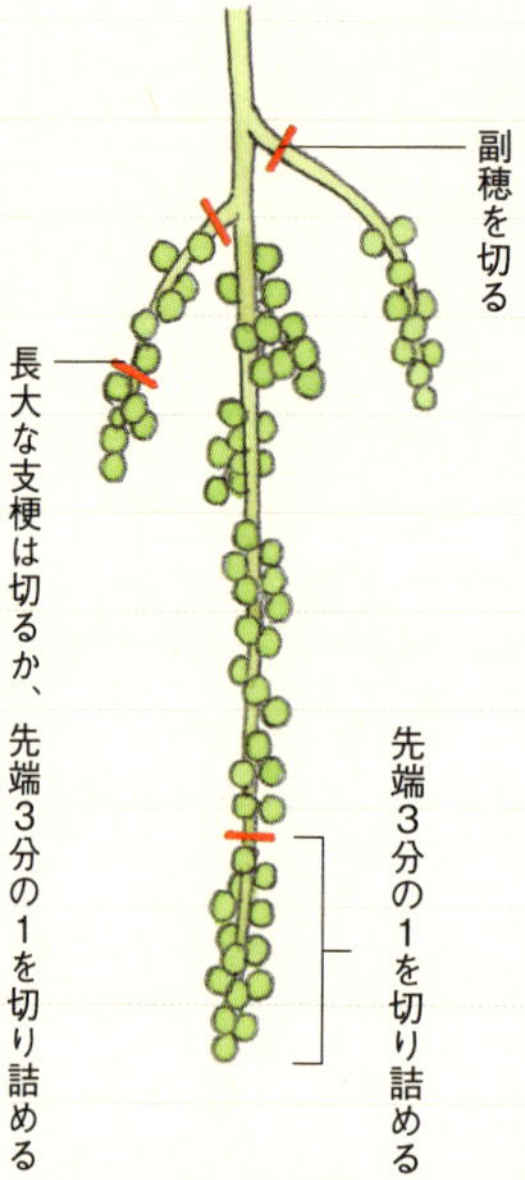

副穂を切る
長大な支梗は切るか、先端3分の1を切り詰める
先端3分の1を切り詰める

新梢の誘引

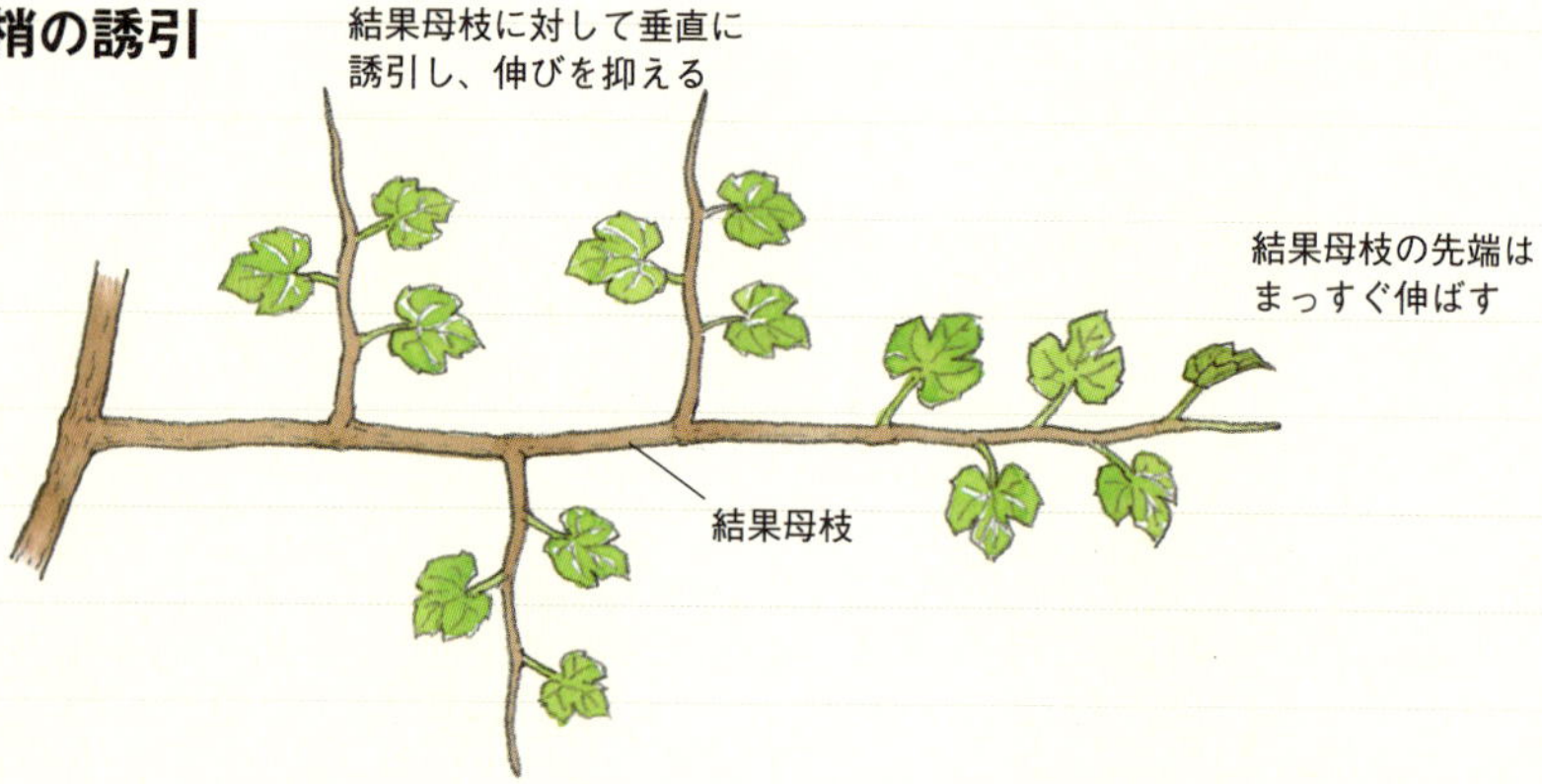

結果母枝に対して垂直に誘引し、伸びを抑える
結果母枝の先端はまっすぐ伸ばす
結果母枝

長大な副穂と、場合により上部の車を1～2段切り取り、残りの車も先端を3分の1程度に切り詰めて、房づくりを行っています。

❺新梢の誘引

新梢の長さが20～25㎝以上になると、巻きひげが絡み合ったり、風によって損傷を受けたりして、生育やあとの管理の障害となります。できるだけ早く誘引してやることが必要です。短梢剪定では結果母枝から発生する新梢は基本的に90度の角度で、各新梢が垂直になるように誘引します。

❻病害虫の防除

萌芽前に「晩腐病《おそぐされ》」の休眠期防除をします。とくに芽の部分に集まっているので、そこを中心にして、薬剤を散布します。詳細は各地域の病害虫防除基準を参考にしてください。

5月中旬のジベレリン処理の1週間前までに、「褐斑《かっぱん》病」と「つる割病」の防除を行います。5月下旬にも薬剤を散布します。大粒系は梅雨直後の乾燥によって葉焼けするので、その前に薬剤を散布して葉を頑丈にしておきます。このとき、葉は真っ白になるくらいにしっかり散布するようにします。

また、大粒系は裂果の原因となる「うどんこ病」にも注意します。ヨーロッパ系の品種の場合、とくに「黒《こく》とう病」「晩腐病」「うどんこ病」、サルハムシ類やメクラガメなどの病害虫を防除するために、休眠期と発芽直前に薬剤を散布します。とくに「うどんこ病」はハウス内のような風の入りにくい、空気の停滞するところで発生しやすいので注意しましょう。

開花直前の5月下旬には「黒とう病」「うどんこ病」「コナカイガラムシ」を防除するために、薬剤を散布します。この時期の薬剤散布は、のちに現れる「さび病」の防除と葉を頑丈にしておくため、またカルシウムを供給する効果もあります。

❼ジベレリン処理と適期

ブドウは開花前、まだ花粉が十分成熟しない時期にホルモン剤であるジベレリンを処理すると、ほとんどの品種がタネなしになります。実際にはブドウの花房が完全に発育しない開花2週間前くらいに、ジベレリンの水溶液に適当な浸透剤を加えた液に花房をつけます。そうすると花器内の花粉の発芽能力がなくなるので、受精できなくなります。すると、子房が急激に肥大してタネなしブドウができるのです。

このタネなしブドウをさらに肥大させるために、落花後10日くらいに同じ液に2回目をつけます。これが一般的なジベレリン処理です。

ただ、開花2週間前くらいといわれても、実際にいつ開花するのかを見極めて、正確に処理適期を判断するのは至難の技です。

ほかの判断方法として、露地栽培では、花穂《かすい》の先端部3分1くらいの花蕾《からい》が固まった状態が、ハウス栽培ならそれより若干早めが適期です。あるいは展葉を始めてから適期までの日数は、露地栽培で28～30日、ハウス栽培で25～28日です。ただし、これらはあくまでも目安であり、実際栽培する場所の土壌条件や気候条件によって適期は異なってきます。

ジベレリン処理が技術として確立されたことで、これまで見栄え、収量で劣っていた多くの品種が救われてきたことは確かですが、本来その品種がもっていた固有の香りや味、食味が失われ、ややもすると異なった品種のようになってしまったものも多くあります。

デラウェアのように、そのままでは粒が小さすぎ、食用というにはお粗末な品種などにとってはジベレリン処理は必要です。

しかしながら、タネなし果をつくることが優先でジベレリン処理が行われている品種については、開花前後の2回処理ではなく、満開時の1回目の処理を主体にして花ぶるいを防ぎ、果実を肥大させるための2回目の処理はやめて、できるだけ本来の品種の味を生かした栽培がよいでしょう。

ただし、果実を肥大させるのにどうしても2回の処理が必要なピオーネでは、1回目を満開終了後に12・5ppmのジベレリン水溶液に花房を浸し、その10～15日後に25ppmの水溶液で2回目の処理を施すようにします。

ジベレリン処理適期の1つの見分け方

（デラウェアの場合：1回目）

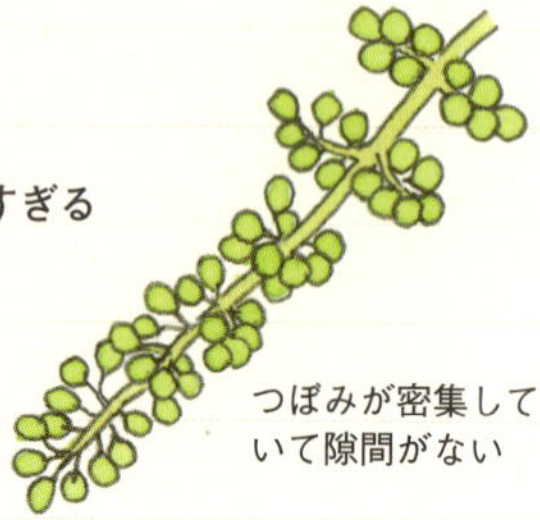
早すぎる

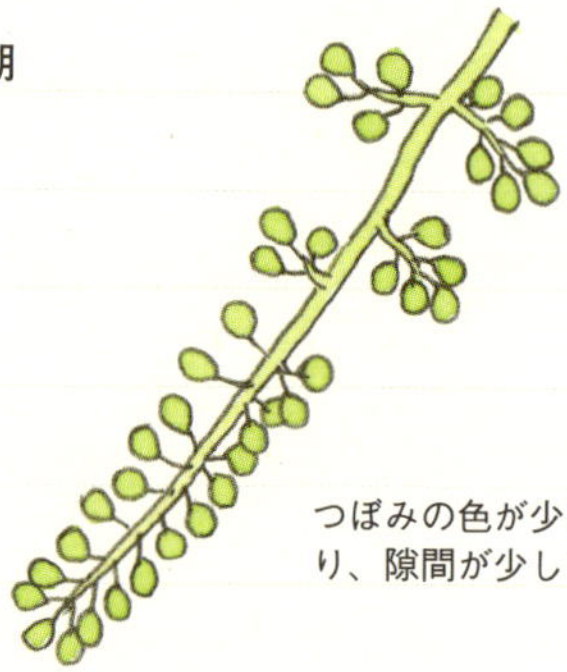
適期
つぼみの色が少し薄くなり、隙間が少しできる

2―① 開花・結実期の特徴
5月下旬～6月中旬

❶ 生理からみた特徴

開花・結実期は翌年の花芽の分化開始時期に当たります。新梢の伸長も1年のうちでもっとも旺盛です。根の発生もしだいに旺盛になります。また、貯蔵養分に頼る生育の割合が減り、新しくつくられた養分に頼る生長になります。

結実期以降の肥料分の吸収は、果実の生育、肥大に伴ってリン酸、カリの吸収が増えます。その量は窒素とリン酸は同程度、カリは2倍くらいの量を利用します。開花期以降は、これらの成分が根に吸収できる範囲になければなりません。

そのためには、11～12月に施肥をしておきます。リン酸は有機質で保護されていることが必要になるので、堆肥などとともに施肥するか、骨粉、牛ふんのような有機質リン酸、または油粕などと配合したものを施しておきます。

❷ 姿からみた特徴

この時期の新梢の伸長は、年間伸長量の2分の1から4分の3近くも伸びます。しかし、中にはすでに伸びが止まりかけている伸びの悪い新梢もあります。

現在、主流となっている欧米種系雑種の大粒系品種では、年間総伸長量は150cm程度が適当ですが、開花期の長さが平均60～80cmのものが実どまりがよく、着色や成熟、枝の充実もよくなります。60cm以下の新梢では、果房の生育に養分をほとんど使ってしまうので、生育はより鈍化し衰弱します。適正な伸長をしている新梢の葉の数は11～15枚ですが、徒長しているものは17～20枚にもなっています。

［花房の生育］ 花房は開花期の10日前から活動が活発になり、開花中も伸び続けます。果房の花が咲き始めてから終わるまでにかかる日数は7～11日間で、開き始めてから3～5日に70～80%の花が咲き、いわゆる満開日となります。

果房の花の咲く順番は真ん中から始まり、そこを中心に上と下に向かって開花が進みます。

［根の生育］ 根の働きは、地温が11℃くらいになってから新根が発生し、15℃以上になるとやや活発になります。これは地上部でいうと萌芽から2週間程度すぎた展葉期となります。根の伸長は1か月はそのまま続き、開花期の頃になるとさらに急激に根の量は増加します。これが7

月いっぱいまで続きます。この根の発達の程度で、地上部の生育が大きく左右されることになります。

❸ 花房の突起と房数の増加

前述したとおり、新梢上で花が咲き結実している間に、次の年に開花、結実するための花房の分化が始まります。6月中に花房がつくられ、秋までに花房の突起（小穂）と花房の数が増加します。そしてがく片や花弁などの花器は、次の年の春になってから急速につくられていきます。

1本の新梢は数房の果房を着果させながら、葉腋《ようえき》の芽の中では花房の分化を行っているのです。

また、芽は混合芽（新梢と花芽が同時に含まれる芽）で、含まれている新梢の形成が花芽と同じ時期に行われていることも、花芽の発育を遅らせている理由です。

2―② 開花・結実期の作業

この時期の作業は、とくに摘房が中心になります。落花後の果粒のつき方の程度や房の状態をみて結果数を調節し、仕上げの摘房を行います。

❶ 生育診断の方法

［新梢の徒長と伸長不良］　開花時に新梢の長さが130〜150cmあるものが、全体の半分以上ある場合は、そのブドウの樹は徒長しているといえます。原因としては、強剪定、強い芽かきが考えられます。このような樹では、のちに副梢が多く発生します。最終的には3〜7mも伸び、落葉期になっても落葉しません。

そして初霜の頃になってやっと生育が止まります。花房は花ぶるいが激しく、ほとんど着果しません。

逆に開花期に新梢の長さが平均して50cm以下の場合は、栄養不良の樹といえます。

剪定や芽かきが弱すぎたことが原因として考えられますが、根の傷害

新梢の伸び方

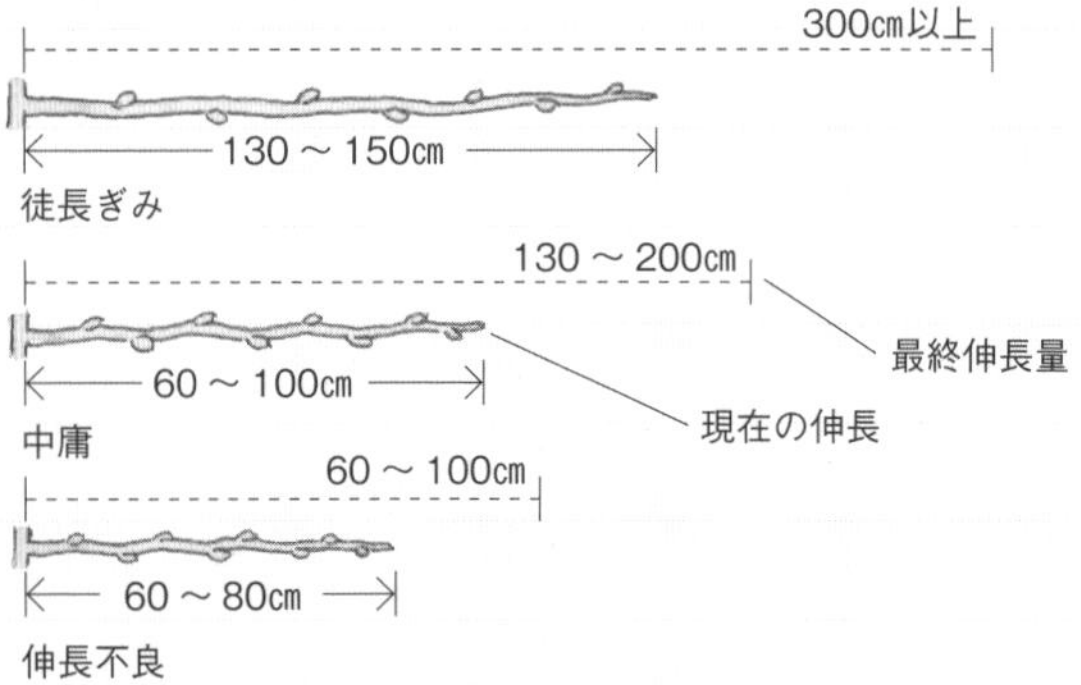

や周囲が水田などの場合、地下水位の高低の影響で根が衰弱したり、紋《もん》葉《よう》病、開花前の異常乾燥などによっても起こる場合があります。

また、花ぶるいの激しい品種などでは、開花期の樹勢が強すぎると当然花ぶるいを起こしますが、樹勢調整で新梢の伸長を抑えすぎたり、さらに花房の整理が開花前に終了しない場合にも伸長が不良になります。ここで樹勢が急激に落ち込むと、回復はかなり困難なので、落花後にできるだけ早く果房の整理を行い、思い切って新梢の間引きを行い、また場合によっては結果母枝、側枝ごと強い間引きを行うことも必要になります。樹勢が落ち込むと、果粒糖度も上がらず、着色不良を招き、巨峰やピオーネといった着色系品種では赤熟《あかう》れの原因にもなります。

［追肥］ 肥培《ひばい》管理としては、早めに窒素を主体とした追肥を行い、乾燥地では敷きわらを行います。

［花ぶるい（花流れ）現象］ すでに何度も登場した言葉ですが、花房が結実するときに受精が悪いため果粒のつき方も悪く、房の外観を損ねるようになることを花ぶるいといったり、花流れといったりします。花ぶるいの様子は品種によっても異なりますが、原因としては要素欠乏と栄養バランスの悪さという2つの原因が考えられます。

前述したように、この時期に気をつけたい要素欠乏としては、ホウ素の欠乏が挙げられます。栄養バランスの崩れとは、開花前の新梢の徒長による栄養の乱れが起こることです。ホウ素の欠乏した新梢は節間が詰まり、細くなります。開花・結実期以降、果粒肥大期にホウ素が欠乏すると、果粒内部の維管束《いかんそく》が褐変し、果粒の生長が止まってしまいます。果肉の維管束が枯死褐変するので、その部分を外からみると黒く透け、あたかも「あん」が入っているように見えるので、「あん入り」とも呼ばれています。ホウ素欠乏が発見された場合は、ホウ素の葉面散布や土壌に施すことによって症状は1週間程度で回復します。最初の頃は葉面散布と土壌施肥を同時に行うのが効果的です。また、ホウ素欠乏を起こさせないためには、土壌の乾燥を防いだり、元肥としてホウ酸を施肥することが重要です。

栄養バランスが悪いために起こる花ぶるいは、とくに徒長によって起こりますが、とくに大粒種では激しいです。むずかしいことではありますが、最適な剪定と芽かきの程度を知ることが大事です。

ただし、短梢剪定では、剪定、芽かきははじめから強いので、樹冠を拡大させて、結果枝数を確保したうえで、新梢の樹勢調整と結果数調整で花ぶるいを防ぐことが重要です。

❷ 摘房

花ぶるいの少ない品種では、摘房は開花前には終了しています。花ぶるいの激しい品種でも新梢の伸長量が開花前で60～90㎝であれば、摘房、果房の整形とも終了しています。しかし、新梢伸長期に伸長がそろわず、樹勢が乱れている場合は開花・結実期以後まで果房の整形以外、手入れを行わないので、落花後、粒着が確認できたら、速やかに果房の整理を行います。

摘房の目安は、1㎡当たり30～40粒の房で5～6房を残し、20～30粒であれば7房程度を残し、ほかはすべて摘房します。

❸ 摘粒

摘粒は混み合っている果粒を間引く作業です。果粒の混み具合を調節して裂果を防ぎ、1果房の大きさを調節し、結果過多も防ぎます。落花後早いほうが果粒の肥大に大いに役立ちますが、普通、落花後2週間目あたりが作業がしやすく、遅れるとハサミが房の中に入らないくらい果粒が混み合い、無理をすると傷をつけてしまうので、適切な作業時期を守ることは大事です。

品種による作業の目安は、キャンベルス・アーリーやマスカット・ベリーAでは軽く行い、デラウェアやアーリー・スチューベンでは、第2回目のホルモン処理が終わってから、段で抜くようにします。このほか大粒種では品種によりますが、1粒が20g以上になるようなものでは1房の粒数を20～30粒に、15g程度のものでは50粒程度が目安です。

とくに欧米種系雑種の大粒系品種

摘粒の仕方

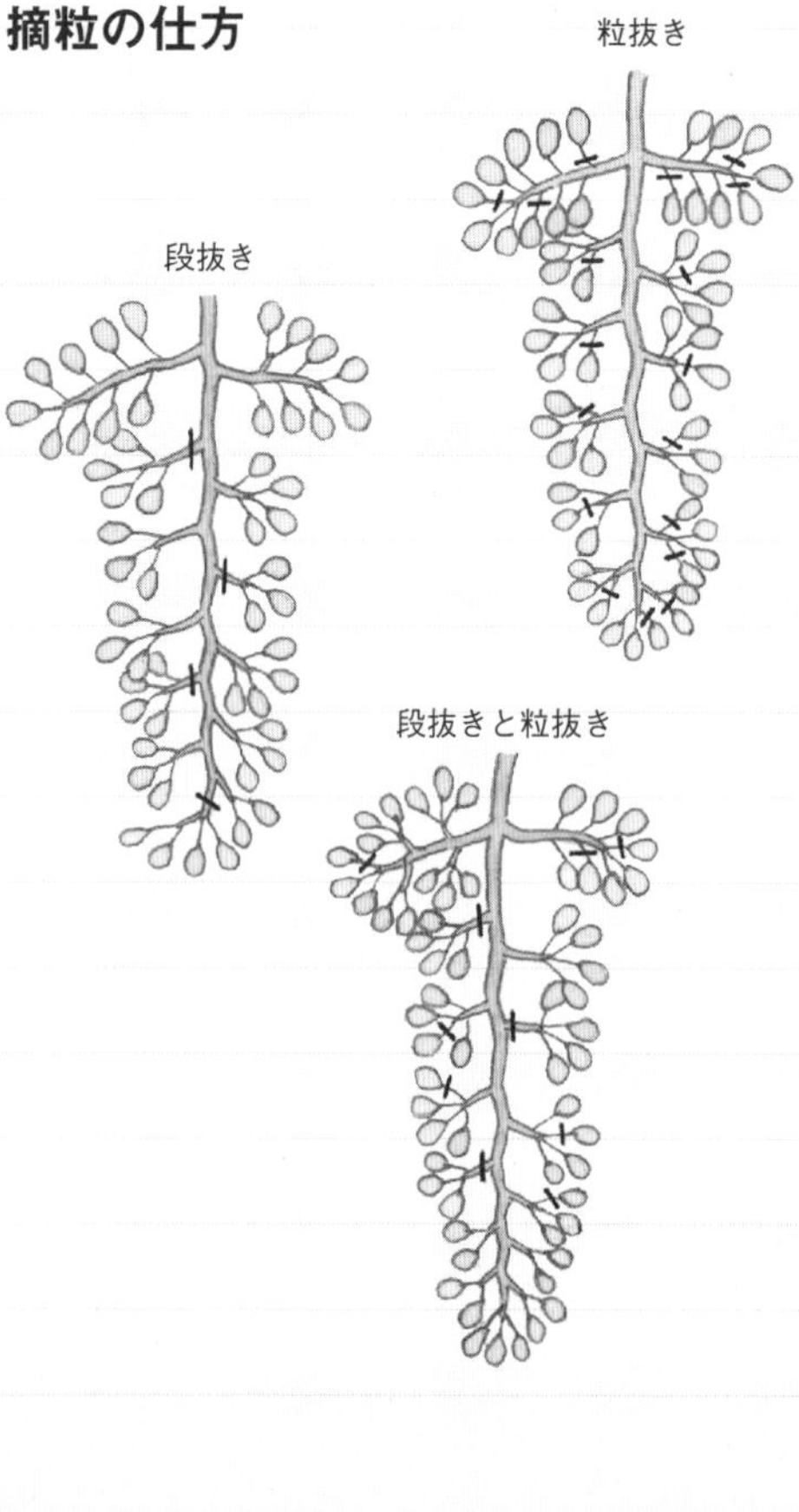

は果房が大きく、着粒もよいので、摘粒は必須の作業です。1粒1粒ハサミで落とす「粒抜き」と車（支梗）ごと落とす「段抜き」、そして両者を組み合わせた方法があります。

❹ 追肥

落花直後は新梢の伸びはまだ旺盛ですが、土壌、気候、栽培条件などにより伸長が止まることがあります。この場合、窒素を主体に年間施肥量の20～30％の施肥を行う必要があります。これでも効果がみられない場合は、肥料を水で溶かし施肥すると肥効は早く確実に現れます。葉面散布はより効果的です。

❺ 病害虫の防除

欧米雑種ではさび病、褐斑病、晩腐病、つる割病の防除をし、欧州系品種では黒とう病、うどんこ病、さび病を防除します。

3―① 果実肥大期の特徴 6月中旬～8月上旬

❶ 生理からみた特徴

果実肥大期は、落花後から成熟するまでの期間をさします。この期間は、樹体内の貯蔵養分と新しくつくられる養分で生育・成熟が進んでいきます。とくに新しくつくられる養分が新根の発生、果実の肥大、樹幹の肥大などの樹体全体の生育をつかさどっています。

この時期の根と土壌の関係をみると、果実肥大期の前半である6～7月は細根が多く発生し、土壌中からの養水分の吸収も激しくなります。この時期はちょうど梅雨時期にあたるので、土壌中に水分は多く、根からの養水分吸収は順調に行われます。しかし、この時期は日照がやや不足ぎみで、土壌表層近くの温度もあまり高くないので、根は地表近くまではびこり、その部分の肥料の吸収が活発に行われます。

［微量要素による障害］ マグネシウムやマンガン、カリなどの必須要素の欠乏や過剰による障害が発生するのも、この頃です。

梅雨が明けると日照は強くなり、葉からの水分の蒸散が激しくなります。地温も上昇し激しい乾燥状態になるので、梅雨の間、比較的軟弱ぎみで生育していた枝や葉では、蒸散が激しくなると、土壌の乾燥とともに根の吸水が伴わなくなります。そのために吸水と蒸散のバランスは崩れ、果実中の水分も奪われることになり、果実に日焼けも発生します。

果粒が急速に肥大するのもこの時期で、窒素、リン酸、カリのうち、とくにカリの吸収が激しくなります。逆に窒素、リン酸の吸収は低下し始めます。果実肥大期から収穫期の頃になると、新梢の伸長はほとんど止まり、新梢は木質化すると同時に登熟《とうじゅく》期に入り、果実の糖分は急激に増加します。

❷ 姿からみた特徴

［果房の生育］ 果粒は受精後、細胞分裂を行い、およそ開花後10～15日で終わります。その後、細胞が肥大することで果実が肥大していきます。肥大期は3期に分けられます。

第1肥大期は、開花期から細胞分裂期と初期細胞肥大期をいいます。

第2肥大期は、種子の形成、胚《はい》の発育期で、種子がかたくなる硬核期ともいわれています。この時期で果粒の肥大は一時期止まりますが、止まる期間は早生《わせ》種では短く、晩生《おくて》種では長くなります。

ただし、無核種やホルモン（ジベレリンなど）処理をしたものには第2肥大期はありません。

第3肥大期は、果実の容積は増えませんが、糖分の増加によって重量が増えてきます。糖分の増加と反比例して酸は急速に少なくなります。多くならせすぎた場合は、果粒は小粒、着色不良、糖度不足などといった形で果房に現れてきます。

［果房の着色］ 硬核期が終わり、果粒に水が回り始めると着色期に入ります。果房の色が大きく分けて青、赤になるものを着色系品種と呼んでいますが、これらの着色は品種によって異なり、一定濃度の糖と光線

が必要です。光線必要量は、欧州種系品種では多く必要とし、米国種系品種では少なくても大丈夫なものが多いです。

ただし、光線量が多く必要な品種だからと、房を覆う葉を取り除いたり、無理に房を直射日光に当てたりすると、色も黒ずみ、果実品質は悪くなります。

また、着色期に徒長枝の整理をしたり、新梢を切り詰めたりすると、着色や収穫が2週間程度も遅れることがあります。

［新梢と根の生育］ 火山灰土壌で、しかも強剪定した場合は、根の分布は深く保水力もあるので、梅雨明け後も新梢はますます伸びます。粘土質土壌では根が比較的浅いところに分布しており、しかも養水分の吸水力が劣るので、強剪定されても梅雨明け後の新梢の伸びは衰えます。

乾燥も限度を超えると樹全体の栄養も衰えてきます。新梢は梅雨の後半の7月はじめ頃から基部の色が変わり始め、木質化と登熟が始まります。そして、この時期で新梢の長さは年間の総伸長量に達しています。

根の発生は4月初旬からみられ、5月中旬の開花2週間前からさかんになり、果実肥大期のピークと新根の伸び方のピークが一致し、新梢の伸び方は衰えてきます。

8月の上旬になると新根の発生も伸びも止まり、8月下旬から11月上旬にかけてが、第2の根群発達期となります。

3—② 果実肥大期の作業

この時期は、これまでの時期に行ってきた管理の集大成の時期といえます。

［病害虫の防除］ この時期の最大の目標は、病害虫からの防除です。とくに高温多湿の環境では、バクテリア、菌類、そして害虫の活動に好条件といえます。したがって、この時期の主な管理作業は、①薬剤散布、②梅雨明け後の干ばつ防止のための灌水《かんすい》や敷きわらです。そして、③収穫作業があります。

薬剤の散布で、とくにボルドー液の散布は、病害から果実や葉を保護するだけでなく、葉面からカルシウムの吸収を促すとともに、強すぎる陽光や干ばつによる葉の萎縮、枯れこみを防ぐ働きをしてくれるのでたいへん重要な作業です。

この時期に必要とされる作業はできるだけ早めにやり、障害を未然に防いでやらないと、丹念に育ててきた果実を無駄にすることになります。同時に行ってきた作業の効果をよく観察することも大事です。

❶ 必須要素の欠乏

［マグネシウム欠乏］　果実の初期生育の頃と果実肥大期の後半に現れます。糖分の増加する頃に葉緑素が減少するので、果肉の品質が悪くなり、糖分の上昇も妨げられます。また、新梢内の炭水化物の量が少なくなるので、枝が登熟しにくくなり、冬害抵抗力が低下してきます。

症状は主に葉に現れ、葉脈の間が黄白色（クロロシス）になります。新梢の基部に出ますが、先端に出ることはほぼありません。逆にホウ素欠乏は新梢の先端から発生、奇形葉の発生があるので対照的です。

いったん発生した症状は、その後マグネシウムを与えても回復しませんが、次の発生を抑えることは可能です。

一度発生させると、苦土石灰などでかなりのマグネシウムを施さなければ回復しないことが多いので、元肥を施す時期に同時に混入するようにします。一般的には苦土石灰を用いますが、肥効が遅く現れるので、硫酸マグネシウムを与えることをおすすめします。

［カリ欠乏］　カリ欠乏は果実の肥大を阻害し、葉を褐変枯死させ、激しいときには落葉してしまいます。結果として糖度の上昇、収穫量、品質も悪化させ、さらに冬害にもおかされやすくなります。

症状は葉脈の間が黄化します。マグネシウム欠乏との違いは、クロロシスの発生の仕方がマグネシウム欠乏では葉の中心部から周辺に向かって発生するのに対して、カリ欠乏では周辺から中心に向かってクロロシスが進行するところです。また、マグネシウム欠乏では葉が褐変枯死するのは稀ですが、カリ欠乏では葉が褐変枯死してしまいます。

カリ欠乏の発生しやすい土壌は、傾斜地の粘土質土壌や低質な沖積層の粘土質土壌です。カリの施肥を行うしかありませんが、敷きわらでカリを土壌中に増加させることができます。また、水はけの悪いところでは排水をよくし、土壌をなるべく乾燥させることが必要です。

❷ 果実の日焼け（日射《にっしゃ》）

梅雨が終わり乾燥期に入ると、果実の日焼けが頻繁にみられるようになります。

高温、乾燥によって葉からの蒸散はさかんになり、根・枝などの傷害、土壌水分の不足などによって葉に十分な水分が送られなかった場合に発生します。葉に水分が送られないため、葉は果実から水分を奪い、果実に日焼けの症状が出ます。

盛夏の頃に直射日光が強いと果実

果実への笠かけ

が異常高温になり、果肉細胞が死んで日焼けになります。果房の日焼けは、房の上のほうの部分の果粒から始まり、しだいに下に広がっていきます。これが激しくなると、果房の半分または全部に広がっていきます。日焼けは、とくに欧州種や大粒種に多く発生します。

発生させないようにするには、房のついていない枝を有効に利用し、それを用いて棚面を保護し、必要以上に棚面を明るくしないように努めます。無論、水分が不足することで発生するので、灌水による日焼け防止も必須です。

また、春先の貯蔵養分で新根の発生がさかんに行われているときに、貯蔵養分が少ないと新梢の発生が鈍化し、葉でつくられた養分が障害を発生した新梢部分で止まって、新根が生育不良を引き起こして機能不全になっているケースです。

そのため、梅雨明け後の土壌に水分がある場合でも、日焼け果が発生する原因でもあります。

また、摘房と摘粒が終わったら、果房に笠かけ・袋かけをします。笠は雨よけ効果や強い日光を遮ってくれます。また、袋は病気、害虫、鳥、農薬がけから守ってくれます。

❸ 灌水

最適な方法は、毎日少しずつ水分を補うような灌水ですが、労力がかかり現実的ではありません。週に1回の割合で十分な灌水を行うのがよいでしょう。

❹病害虫の防除

主な病害は褐斑病、つる割病、さび病で、果実の病害としては晩腐病やべと病などがあります。害虫はヨコバイと山間部ではコガネムシがあります。

防除としては、着色し始めた頃に、晩腐病に薬剤の散布を、8月上旬以降も薬剤を散布します。

また、欧州種系ではさび病、果実と葉に病斑が現れる黒とう病、うどんこ病、べと病、果実だけに病斑の現れる晩腐病、灰色かび病などが発生します。害虫はコナカイガラムシ、カミキリムシ類、ダニ類です。

7〜8月に発生する病気の防除には適用の薬剤を散布します。害虫の防除には、スミチオン系の乳剤を散布します。

収穫後は、さび病、コナカイガラムシ、カミキリムシ類の防除に薬剤を散布しますが、詳細は各地域の病害虫防除基準を参考にしてください。

❺収穫の仕方

糖度が18度以上になると収穫期となります。収穫が遅れると、とくに米国種系品種では脱粒が激しくなります。収穫する時間は早朝だと、果粒がとくに肥大しているので、しなやかさがなく裂果が起こりやすいので、早くても10時頃からとし、午後から夕方がよいでしょう。

4—① 貯蔵養分蓄積期の特徴

8月下旬〜10月下旬

❶ 生理からみた特徴

この時期はほとんどの品種で収穫が終わり、気温はしだいに低下してくるので、新梢の生育もありません。すべての生育を止める休眠期の準備期でもあります。

［貯蔵養分の蓄積］ これまで果粒の肥大成熟に使われていた養分は、根、新梢、古い枝などの充実と貯蔵養分の蓄積に使われるようになります。この貯蔵養分の蓄積が、訪れる冬に備える樹体の保護、次年度の花芽の発育と新梢の伸長初期の伸び方を左右します。

他方、ブドウの葉は8月下旬から9月に入ると急激に活動をやめ、窒素、リン酸、カリなどの葉に蓄えられた成分は8月下旬から10月の落葉期にかけて急激に低下します。しかし、9月以降10月下旬までの葉の活動はブドウの樹体内養分、とくに炭水化物（デンプン）の蓄積に重要な働きをもっており、この葉の活動を妨害するような要素欠乏、病害虫の発生、台風などによる葉の損傷は、主枝、亜主枝、主幹など古い部分の枝の充実を妨げることになるので、落葉ぎりぎりまで周到な管理が重要です。

❷ 姿からみた特徴

［新梢の生育］ 新梢の木質化は果実の成熟とともに盛夏から初秋にかけて進み、収穫後、9月に入るとあまり進行しません。しかし、落葉までは光合成はするので、枝の中の炭水化物の量は増加していきます。秋の寒さを迎えると、光合成でつくられたデンプンの移動が悪くなり、葉の中に蓄積するので、着色品種では紅葉し離層をつくって落葉します。

［花芽の生育と休眠］ 新梢の腋芽《えきが》（わき芽）中で花芽の分化から小穂の分化などが行われています。6月上旬から始まった花芽の分化は9月以前までは活発に行われますが、9月以降はしだいに静まり、休眠期に入ります。

この時期を自発休眠期といいます。落葉後は外気温も下がるので、花芽は翌春までほとんど変化はみられません。

［根の発育］ 新梢の生育は止まりますが、新根はさかんに伸び続けます。6〜7月の根の生育旺盛な時期を第1次根群発達期とすれば、8月下旬から11月上旬までは第2次根群発達期といえます。新根の発達は土壌温度が15℃以下になると止まります。

4―② 貯蔵養分蓄積期の作業

9月に入ってから活動が不活発になってきたとはいえ、葉のもつ光合成能力をなるべく下げないようにして貯蔵養分の増加が必要です。そのために、窒素、リン酸、カリの入った秋肥を施すことが必要です。

❶ 生育診断の方法

［秋伸びと落葉］ 9月になっても、新梢の生育が止まらないのは秋伸びです。この時期に伸びた枝は充実することはできず、葉の光合成能力も低下しているので、秋伸びに大事な養分が使われ、新梢内のデンプンが少なくなります。

［必須要素の欠乏］ この時期はマグネシウム欠乏とカリ欠乏が発生します。晩生種で発生が多いので注意が必要です。

［病害による早期落葉］ この時期での病害虫の発生は影響が非常に大きいので、果実肥大期からの徹底した防除が必要です。

病害が原因で早期落葉させるようなことがないように管理します。

❷ 管理のやり方

［樹体回復のための秋肥］ この時期に肥料を与えることで老化した葉を蘇《よみがえ》らせ、生育後期の光合成量を多くすることができます。また、新春の萌芽直後からの養分吸収にすぐに間に合うための準備でもあります。

具体的には窒素肥料は即効性のものと緩効性のものをバランスよく施す必要があります。

窒素2に対してカリ1の割合で、時期は9月初旬頃が適期です。また、リン酸は窒素、カリの比率に関係なく、1年間の施肥量の半分程度を施します。

［病害虫の防除］ 褐斑病、さび病の予防を主体に薬剤散布し、害虫も防除します。

5—① 休眠期の特徴
10月下旬〜3月下旬

❶ 生理からみた特徴

休眠期は、すべての生育は止まっています。葉で合成されたタンパク質や糖分は新梢、幹、根に移動蓄積されています。とくに糖分は、主にデンプンの形で貯蔵されています。

樹体内の各部分に蓄えられたデンプンは初冬になると砂糖やブドウ糖の形に変化します。寒さに当たれば当たるほどデンプンは砂糖やブドウ糖に変化していきます。デンプンは水に溶けないので、水中では沈殿し０℃以下では凍りますが、水に溶ける砂糖やブドウ糖の入った水は０℃以下になってもなかなか凍ることはありません。

しかも、この濃度が高くなればなるほど凍りにくいので、寒さに対する抵抗力も増してくるということになります。これは地上部だけで行われ地下部では行われていません。

しかし、春になって気温の上昇が始まると、変化したブドウ糖や砂糖はふたたびデンプンに変化し、寒さに対する抵抗力は弱まっていきます。休眠期の土壌中からの養分の吸収は落葉後も行われており、わずかですが年内いっぱいまでは続きます。

❷ 姿からみた特徴

ここまでに伸びた新梢は、ほぼ3分の2が木質化し、冬の寒さに耐えられる状態になっています。根は落葉後も伸び続け、12℃以下になると止まります。花芽は小穂の形成が10月頃まで行われ、自発休眠がもっとも深まる10月頃をピークに年内は休止します。

その後、１５００〜２０００時間の寒さに当たって、翌年の萌芽までの準備が終わります。この寒さに当たる時間がなければ、自発休眠から覚めず、温度が上がっても萌芽は始まらず、たとえ温度を上げても芽ぞろいも悪く、生育不良になります。

❸ 土壌中の養分変化

秋肥として施された肥料は、秋雨によって溶け、周囲の熱で微生物活動が活発になり分解が進みます。分解された中で、アンモニア態窒素は土壌のpHが7ぐらいでは硝酸態窒素に変化しやすく、硝酸態窒素は土壌に吸着されないので土層の深いところまで浸透し、根の周囲の部分の窒素濃度を高めます。

この窒素が春の萌芽以降の生育を促進させる仕事をします。有機態窒素が硝酸態窒素に変化するとともに不溶性のリン酸も窒素とともに分解され、植物に吸収されやすい養分に変わり、徐々に土壌中に浸透していきます。カリは水溶性なので、降水によって土壌中に浸透します。

土壌中の温度が０℃以下になると、微生物の活動は止まり、肥料は変化しなくなります。11月以降に元肥の肥料を施すことを記したものがありますが、土壌の温度がすでに低く、実際に分解が始まるのは４月以降に持ち込まれます。肥効が現れるのは６月以降となり、果実はすでに肥大期に入っており、春先の生育を促すための肥料としての効果は、実質ないことになってしまいます。

果実肥大期の肥効を目標にした成分組成を考えることなしに、元肥は施してはなりません。

この時期の管理としては、剪定や施肥があります。剪定する場合は、とくに今年度の樹勢を省みながら、間引き、切り戻しといった作業を行います。

5―② 休眠期の作業

管理の仕方

❶生育診断の方法

新梢の長さが２００㎝以上で副梢が多く発生しているものは、徒長したことを現しているので、樹勢の調節は、新梢の伸びを抑えるようにします。

新梢の長さが１３０～２００㎝で、弱い副梢の発生が見られるものは前年の生育がちょうどよかったことを示しています。この場合は、調節は前年と同じにします。

新梢の長さが１００㎝以下で、新梢の枯れこみも長さの２分の１以上の場合は、前の年の生育が弱く、また、結果過多であったことを現しており、翌年は新梢の伸びを旺盛にしてやる調節が必要となります。

❷剪定作業

短梢剪定では、毎年、亜主枝の基部まで切り戻すので、剪定作業はいたって簡単です。

ただし、新梢の登熟が目標の長さまで到達していない若木の亜主枝においては、登熟しているところまで切り戻して、新梢を伸ばす必要があります（短梢剪定については99ページ参照）。

❸土壌管理

冬場の土壌管理は土壌内部の管理が主体になります。深耕によって物理構造の改善を行い、そのときに有機物、石灰、リン酸など投与する改良剤と肥料によって化学的な改善も行わなければなりません。

深耕で一時的に根を傷つけることになるので、敬遠される考え方もありますが、地上部は強剪定を行うのでバランスは保たれ、心配はありません。深耕は、深耕したその年ではなく、実際には2年後に効果が現れるので、面倒でも毎年、かならず行うようにします（土壌と根、樹勢と施肥については102ページを参照）。

❹元肥の施用

休眠期の元肥は、果実肥大期を目標にして行うものですが、前年の果実の着果量と樹の広がりをみて、およその計算を行います。

幼木の時代は、樹冠下に円形に施肥を行いますが、広がってくると全面に行うようにします。一部分に高い濃度の肥料を埋め施すやり方は、してはいけません。根を枯らす原因になり、地上部に生理障害を起こす可能性があるからです。

［石灰の施用］石灰は、ブドウが好む養分が十分含まれていますが、土壌の酸度やマグネシウムやリン酸の肥効を高める役割が重要なのです。ブドウは本来、石灰の多い土壌での生育がよいので、かならず施用するようにします。

石灰の施用は冬がもっともよく、投与後はすぐに管理機などでかき混ぜる必要があります。施す量は、数字が少々大きいのですが、1a当たり火山灰土壌では炭酸カルシウムで30kg、砂質土壌では3kgとなりますが、すでに何本も植えつけている場合は一度に多量を入れず、2～3年かけて小分けして入れるようにします。

［マグネシウムの施用］マグネシウムは石灰と同じく冬に1a当たり25％硫酸マグネシウムで14kgを施用します。石灰を十分に施肥した場合は、苦土石灰の肥効は現れにくく、苦土石灰は遅効性なので早めに行うことが必要です。欠乏症がみられない場合で、25％硫酸マグネシウムで2kgです。

そのほかの必須要素、とくにホウ素は石灰などを多量に施用すると欠乏症が発生するので、前年に欠乏症が出なくても、1a当たり100～200gは施用します。

❺病害虫の防除

萌芽する前の3月下旬頃、越冬病害虫の防除を行います。萌芽前は相当強い薬剤を散布しても薬害はないので、徹底した防除をします。

越冬病害虫としては晩腐病、褐斑

皮の裏側にもぐりこんで越冬している害虫を日にさらすのも効果的な防除法

病、つる割病、ハダニ類、カイガラムシ類またはコナカイガラムシです。適用の薬剤を散布します。

　山間地域ではトラカミキリムシが発生するので、防除剤を散布します。また、欧州種系品種では黒とう病が発生しやすいので、適用する薬剤を散布します。

5—③ 休眠期の作業

剪定の基本

❶ 樹勢が強い、弱いとは

　そもそも樹勢とは、新梢の伸長具合や発生数など目に見える栄養生長の強弱の状態をいいます。

　樹勢が強いとは、新梢の発生数が多く、太く、しかも旺盛な伸長を示し、節間の長さも長く、葉も大きく生長のさかんな様をいいます。樹勢が弱いとは、新梢の発生数が少なくて細く、伸長力が衰えた様をいい、節間の長さは短く、葉も小さい様をいいます。また、樹勢が乱れているとは1樹体内で、極端に強い新梢と弱い新梢とが混在し、生育がそろっていない様をいいます。

〔最適な樹勢とは〕　望ましい樹勢とは、具体的にいうと萌芽・展葉がそろい、その後の新梢の伸長もほぼ平均的にそろっていることです。実際の栽培になると、樹勢の乱れはこの頃から発生し、結果母枝の先端は、すでに2～3芽展葉しているが、中間部や基部の芽はまだ1枚程度で、樹全体からみてばらつきが出てきます。

　最適な樹勢とは、開花前1～2週間は1日の伸長量が2㎝前後で、実際の長さは50～60㎝、開花期には60～100㎝、花ぶるいの激しい4倍体系は60～80㎝に長さがおさまることが理想です。また、全期間を通しての総伸長量は130～200㎝が4倍体系を含め好適です。

❷ 樹勢と剪定（整枝を含む）

〔剪定の目的〕　剪定の目的は、長年にわたって品質の優れた果実を安定的に生産するために、樹形を調整維持し、枝を立体的に配置して、光を合理的に採り入れることを目的としています。実際の剪定は、枝を切り芽を間引くことによって芽数を減らし、残った芽に養分と水分を集中させ伸長を旺盛にさせることです。

〔強剪定による徒長枝〕　剪定を強くすると栄養生長は旺盛となり、樹勢は強くなり、逆に弱くすると樹勢も弱くなります。徒長枝と呼ばれる強い枝の伸びは、強剪定によって引き起こされたものです。剪定を弱くすると、徒長枝を抑えることが可能です。

〔強剪定と弱剪定〕　剪定では、前年に蓄えられた貯蔵養分の1芽当たりに分配される量の調節や、根から吸収される養水分の調節はある程度可能です。しかし、根から吸収される窒素、リン酸、カリ、カルシウム、マグネシウムといった無機成分の調整は「施肥」や「土壌管理」の仕事となります。

樹全体からみて、80％以上の剪定を行った場合は強剪定といえる症状が、逆に50％以下だと弱剪定といえる症状が現れます。

［短梢剪定は強剪定］ 本書で紹介する短梢剪定という方法ですと、剪定割合は90％以上となるので、完全に強剪定です。これまでの剪定による樹勢の調節はほぼ不可能といってよく、強すぎる枝をいかに弱めるかに主眼がおかれ、とくに4倍体系のものでは花ぶるいが激しくなるので、その調整が非常に重要な技術になります。

5—④ 休眠期の作業
整枝と剪定（12月～2月）

世界各地で栽培されているブドウは、その地域の気象条件、主として生育期間の降水量、土壌の性質、温度などの条件に適応した整枝剪定技術により成り立っています。

これらは外見は異なってみえますが、同一な原理の上に成り立っています。その原理とは、高品質のブドウを安定的に収穫するために、ブドウの栄養生長と生殖生長のほどよいバランスをとっていることです。

わが国の夏は高温多湿で、生育期間中の降水量が１２００～２０００㎜に達し、樹勢が著しく強くなることから、栄養生長を抑えて生殖生長を優先する栽培法をとる必要がありました。このような理由から、日本では古くから、棚仕立てによる「自然形整枝」剪定法が考案され、研究されてきました。

逆に降水量が４００㎜以下で、空気が乾燥し、窒素供給量が比較的少ないヨーロッパでは、ブドウの木の生長は劣り、この地方では栄養生長を刺激する必要があるので、必然的にすべての枝の先端にまで栄養分が間違いなく供給されやすい株仕立てが行われています。これは、私たちが行う鉢栽培でも同様で、根域の制限された鉢栽培では、株仕立てが利用されることになります。

❶ 整枝と剪定の関係

［2種類の剪定方法］ 整枝と剪定は密接な関係があります。整枝方法に従って剪定が行われています。

農家が実際に行っている整枝の仕方は、4本の主枝をアルファベットのX字になるように配置する、「X

２本主枝型自然形整枝の剪定法

１年目

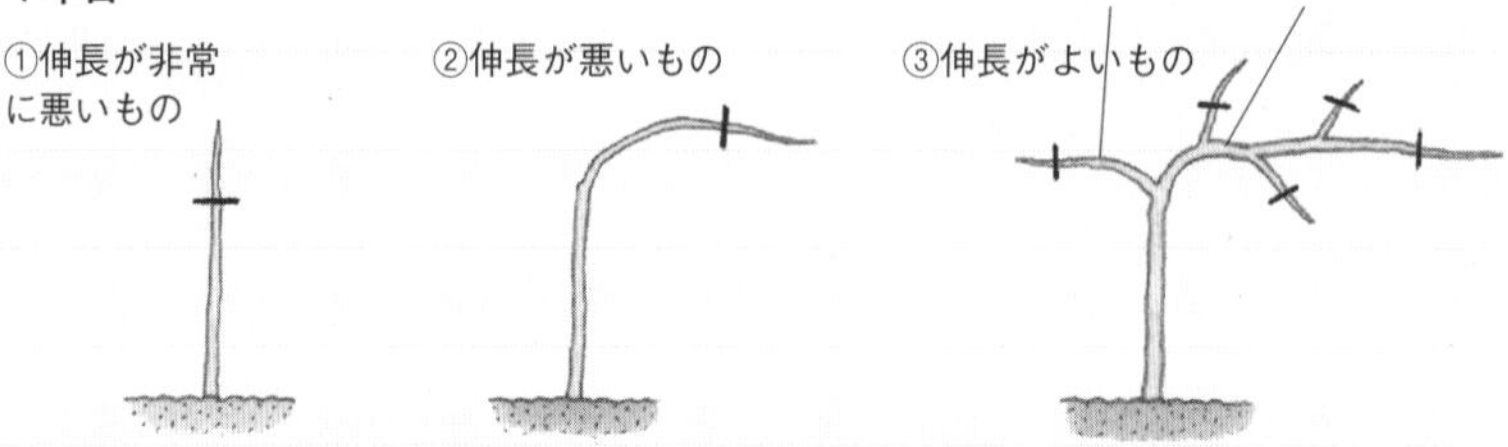

③の２年目

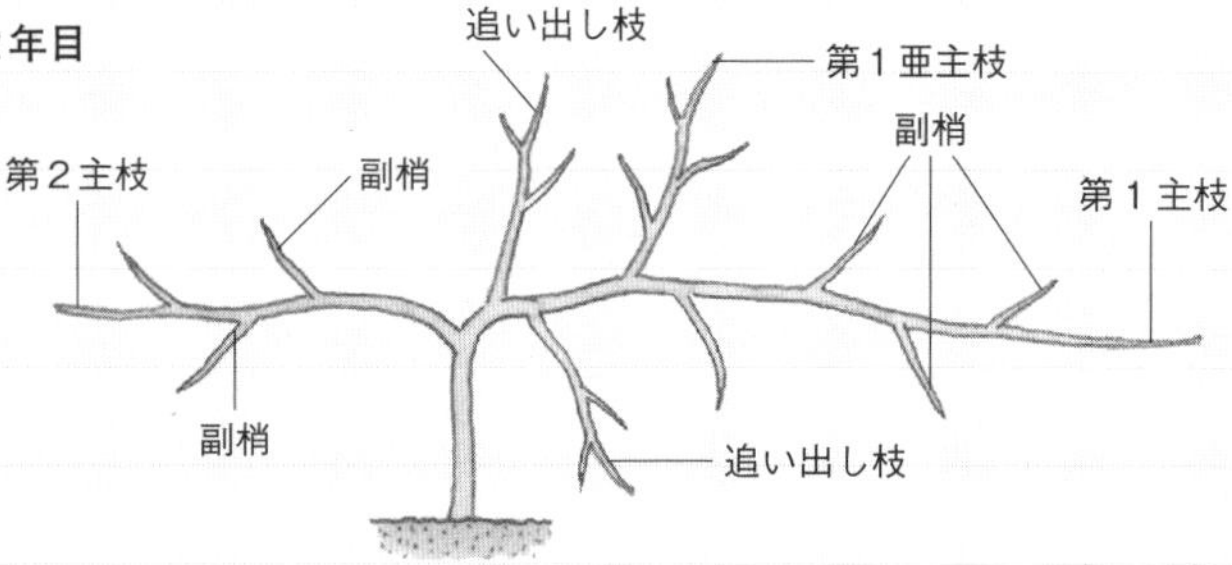

③の３年目

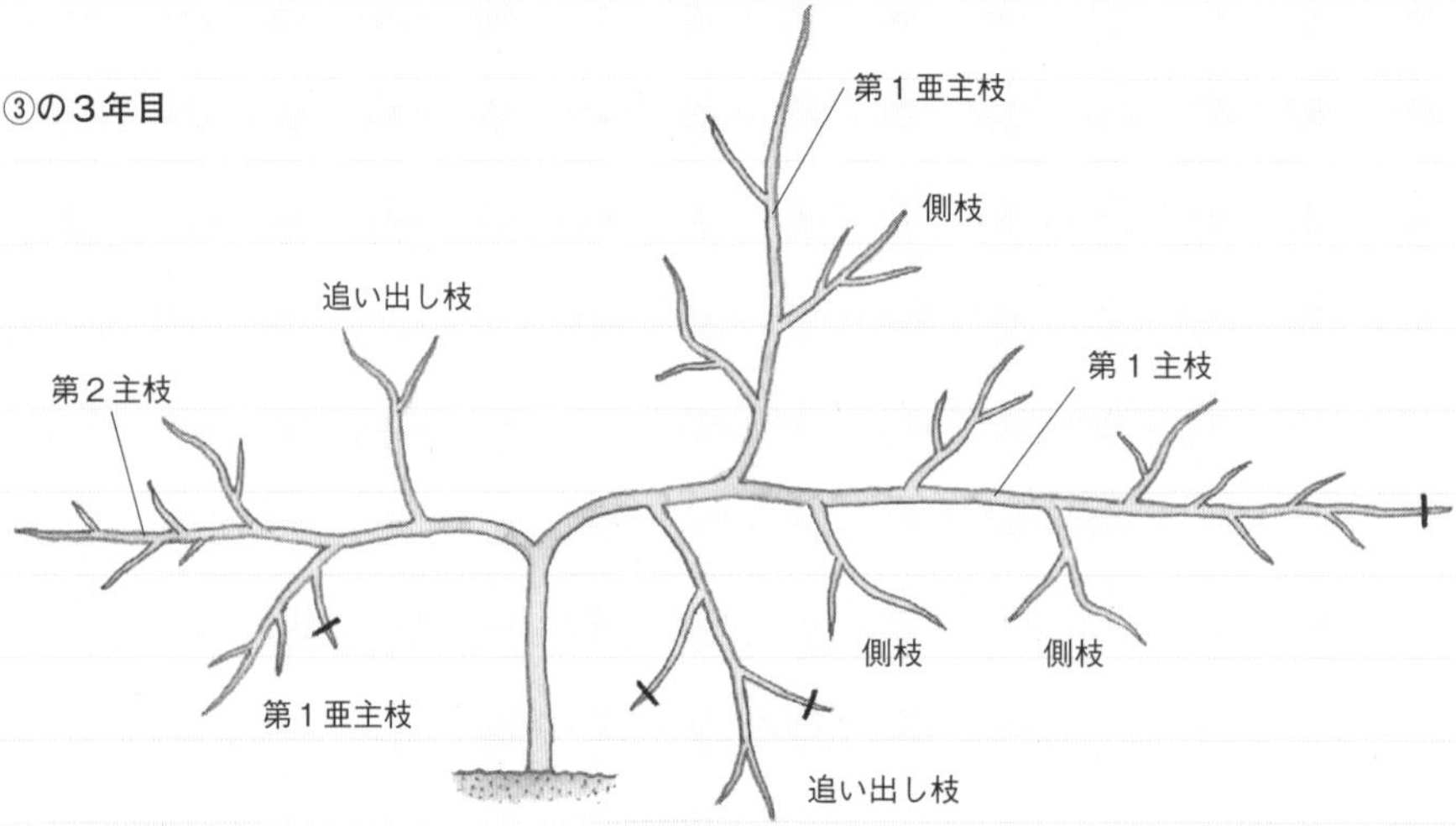

字型自然形整枝」が広く普及しています。この方法は結果母枝を長く残すところから「長梢《ちょうしょう》剪定」と呼ばれ、枝を長く伸ばすことで樹勢の管理がしやすいため、ピオーネや巨峰のような大粒のブドウ栽培には向いています。枝の管理が年数を重ねるほど煩雑になるのが欠点です。

それに対して、主枝を左右に1本ずつ伸ばす「2本主枝型自然形整枝」や、H字のように配置するやり方があります。この方法は新梢（側枝）の基部に2〜3芽《が》残して切り戻すので、「短梢《たんしょう》剪定」と呼ばれています。この剪定方法のほうがわかりやすく、手間もかからず、ホルモン剤を用いたタネなしブドウの栽培方法には適しているので、最近は長梢剪定よりも普及が進んでいます。

これら2種類の方法ですが、本書では煩雑な枝管理を必要とする長梢剪定ではなく、大玉系や樹勢の強い品種群であっても、ホルモン処理を行うことで栽培可能な、短梢剪定を中心とした剪定方法を紹介します。

❷剪定の実際

［長梢剪定］ 新梢の太さや充実の程度によって、5〜6芽《が》から10〜12芽を残し、若木や徒長ぎみの枝は15〜20芽以上も残して長い結果母枝をとります。また、混み合っている部分の枝は新梢の基部または古枝ごと間引いてしまう剪定です。

［短梢剪定］ 短梢剪定は新梢の基部を2〜3芽残して切り落とし、この2〜3芽から発生する新梢に果房をつけることを目的とした剪定方法です。短梢剪定は強剪定になります。これまでであれば、短梢剪定できる品種といえば、冬害に強く、花ぶるいが少なく、果粒が密着しても裂果しない品種であることが前提とされてきましたが、ホルモン処理で結実を安定させるという技術と併用することで、どのような品種でも利用可能になりました。

短梢剪定は剪定方法が単純なため、型さえ覚えればむずかしい剪定も単純労働になります。また、新梢の発生する位置や着果する位置が決まっているので、枝の管理がとても簡単です。とくに、芽かき、誘引などは樹勢によって変える必要がないので、画一的にできます。結果枝数も決められるので、結果調節が容易で安定した収量を確保することができます。短梢剪定は樹勢のよし悪しに関係なく一定の型にあてはめて、型どおりに行うだけなので、樹形が乱れる心配がありません。

一方、欠点はというと、短梢剪定は強剪定になるので新梢の伸びの調節は困難です。また、樹自体は窒素過多になる傾向が強く、結果枝として利用する基部の2芽は、前年の分化発達が遅れぎみになり、萌芽が遅れる傾向にあります。

　そのため、のちの生育が徒長ぎみになり、典型的な秋伸びを示すので、冬害におかされやすくなります。

［一文字整枝（棚仕立て）］２本主枝で、主枝は主幹を中心に両側に向かって一文字になるように伸ばした整枝法です。

　１年目は、萌芽直後に主枝にするもっともよい新梢を１本選び、まっすぐに伸ばし棚に届いたら伸ばす方向を決めて誘引します。主枝はできるだけ伸ばし、副梢が発生してもそのままにしておきます。副梢を切り落とすと主枝が細くなって登熟が悪くなり、樹の拡大が遅れます。冬の剪定は、枝の充実度によって切り返しの程度は異なります。長すぎると各節からの萌芽が悪いので、半分かそれ以下に切り戻します。このとき副梢はすべて切り落とします。

　２年目に棚下30～50㎝の位置から１年目にとった主枝（第１主枝という）の反対方向に第２主枝をとります。各節から発生する新梢は主枝の両側に誘引し、基部からやや遅れて発生する副芽はすべてかき取ります。基部から発生する新梢は強く、主枝の先端の生育を抑えるので、10

一文字整枝

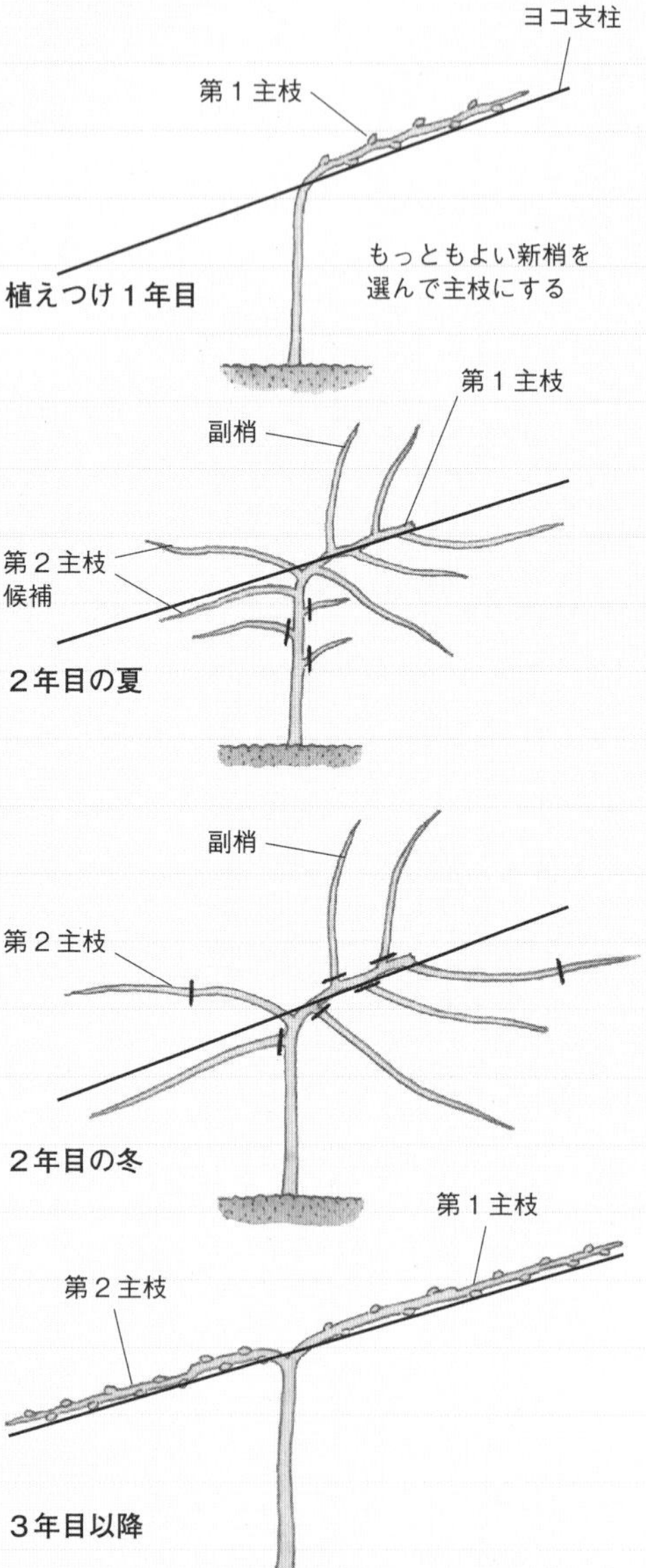

～15枚で摘芯します。

冬の剪定は、主枝の切り戻しは1年目と同じように行い、結果母枝は基部に1～2芽残して切り戻します。3年目以降は2年目までの繰り返しです。

［H型整枝］　4本主枝のH型です。2本主枝の一文字整枝の型に比べると、若干、主枝が2本から4本へと倍になった分、強剪定が弱まったことになります。

ただし、1年目のやり方は一文字整枝と同じです。2年目に棚下30～50㎝の位置から発生した新梢を第2主枝としてとり、棚上では第1主枝上で主幹から約1mのところに発生した新梢を第3主枝とします。第1主枝・第3主枝は、ともに反対方向に伸びるように誘引します。

3年目は、第1主枝から第3主枝をとった方法と同じようにして第2主枝から第4主枝をとります。

4年目は、はじめてすべての主枝に側枝が発生します。樹冠の拡大は4本の主枝の先端だけで行います。主枝はすべて平行にし、主枝と主枝の間隔は2mに仕立てます。

H型整枝

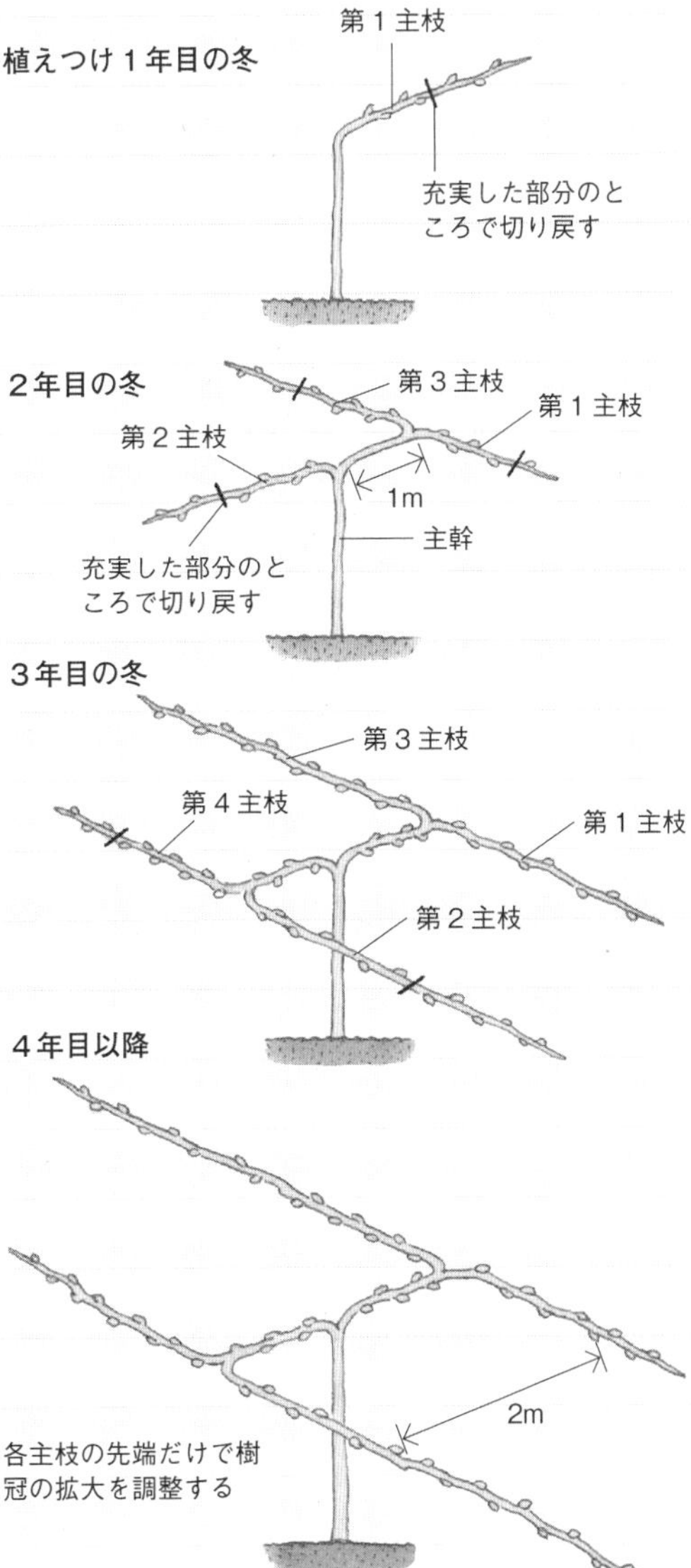

［**短梢剪定での側枝の扱い方**］側枝の間隔は20㎝程度がベストです。側枝は1～2芽で切り返します。萌芽後は樹勢を見ながら、弱い場合は早めに1～2本に芽かきを行い、樹勢が強い場合は芽かきを遅らせます。新梢は最終的には1本にしますが、最後に残す新梢はできるかぎり基部のものを残します。

5—⑤ 休眠期の作業

土壌管理

❶土壌とブドウの根

　ブドウの根は、長い年月の間に深く広く伸長し、土壌中の養分と水分を吸収して根の生育を維持し、果実の収穫後から落葉期までに多量の養分を蓄積します。根の量と分布の仕方は、地上にある幹や枝葉の生育、樹勢や果実のでき、収穫量などに重大な結果をもたらします。

　また、ブドウが深根性の果樹であるため、土壌を深耕し、下層の土壌を破壊して有機物などを加えて下層土の理化学性を改善すれば、根群の分布が深くなり、樹勢が強くなることは明らかです。

❷樹勢と施肥

　施肥が樹勢調節に役立っているかどうかは、剪定とのよし悪しにかかっています。つまり、樹勢調節は、施肥を含めた土壌管理による調節と、剪定によって芽数を制限する樹勢調節のバランスで成り立っているのです。

　剪定は、葉をつくる元の芽を間引くことですから、残された芽からも新梢が伸長し、根から吸収される養分を十分に同化し得るだけの葉数が、果実成熟期以前の新梢伸長期にある場合は施肥の効果が現れてきます。しかし、強剪定で剪定量が過多になり、残された芽が伸長して増えた葉数だけでは、根から吸収された養水分と前年貯蔵された養分とが消化しきれない場合は、徒長枝を発生させて樹自体を拡大し、栄養供給の調整を行わなければなりません。この場合、施肥は害となって現れます。

［**樹勢調節は剪定75％、施肥は補足**］

　ブドウ栽培している人には、施肥方法に神経を使う人、肥料はみな同じと考える人、仲間が施肥をしたから自分もするという人など、さまざまです。これは、肥料の効き方（肥効）がまちまちだからです。その理由は、樹勢調節の手段として肥料だけに重点をおき、剪定をあまり考慮していないからです。

　剪定の分量の目安を75％前後におき、85％以上にならないようにして、施肥による樹勢調節を補足的に考えることが望ましいといえます。

Column

蒜山の手づくりヤマブドウワイン

アジアの野生ブドウの一種で、北海道、東北、中部、四国の山林地域に自生しているもので「ヤマブドウ」があります。

耐寒性がすこぶる強いので、寒冷地での栽培に向きます。

ヤマブドウ以外に野生ブドウとしてエビヅル、サンカクヅルという種類も国内各地に自生していますが、実際に果樹として栽培されているのはヤマブドウだけです。

私が住む岡山の県北部、鳥取県との県境に蒜山《ひるぜん》という高冷地があります。ここでは、1978年にヤマブドウ栽培に取り組み始め、〝知る人ぞ知る〟の域を超えませんが、地元の特産として、ヤマブドウを原料とした「ワイン（山葡萄酒《やまぶどうしゅ》）」「ジャム」「ビネガー」などが販売されています。

ヤマブドウは豪雪地帯でも栽培が可能で、通常のブドウ品種は栽培不可能な寒冷地域でも、露地で越冬します。ただし、雌雄異株なので、オス樹をかならず混植する必要があります。

開花時にはしっかりと受粉を行うことで、生産は安定するので、寒い地域にお住まいの方でブドウ栽培を考えている方にはおすすめです。

ヤマブドウワインづくりから出発したひるぜんワインの手づくりオリジナルブランド

問い合わせ先●農業生産法人　ひるぜんワイン有限会社
〒717-0602　岡山県真庭市蒜山上福田1205-32　Tel.0867-66-4424　Fax.0867-66-7017
＊メールアドレス：hiruzenwine@mx35.tiki.ne.jp　＊HP　http：//www.hiruzenwine.com

ブドウ樹液から化粧水をつくる

　八ヶ岳に住んでいる友人から、ブドウの樹液を原料にした石鹸《せっけん》と化粧水が贈られてきました。お礼かたがた友人に電話をすると、「山梨県のブドウ農家の女性たちは、昔からブドウの樹液を化粧水代わりに利用していたそうです。最近、それを商品化して販売を始めたので……」と、商品化の経緯を語ってくれました。

　たしかにブドウの樹液には、アミノ酸や有機酸、糖やミネラルが豊富に含まれていて、これらには角質層の水分を保持するための成分、NMF（Natural Moisturizing Factor：天然保湿因子）として機能しうる成分が含まれています。

　ブドウの樹液を化粧水などで利用することは、肌の保湿に効果が期待できる科学的根拠が大いにあったわけです。

　この商品化には、規制緩和による格安輸入ワインの攻勢で国産ワインの消費が伸び悩み、それにともないワイン用ブドウの需要が減り続けているため、ブドウ栽培農家の経営モチベーションが少しでも上がるようにという事業背景がありました。

　つくり方はとても簡単です。サクラ（ソメイヨシノ）が咲く剪定時期に、結果枝の3節芽《せつが》の先端を切り、節芽の先端からボトボトと落ちる樹液をペットボトルを吊《つ》り下げて採取し、冷蔵庫で冷やすとできあがりです。そのまま、洗顔やお風呂上がりのあとに化粧水として利用します。

　より清潔な化粧水にするには、樹液を紙か布のフィルターを通して濾《ろ》過《か》するとよいでしょう。

　樹液が採取できるのは、春先の発芽前2週間程度と短い期間だけです。その期間を逃さずに、化粧水づくりにトライしてみてください。

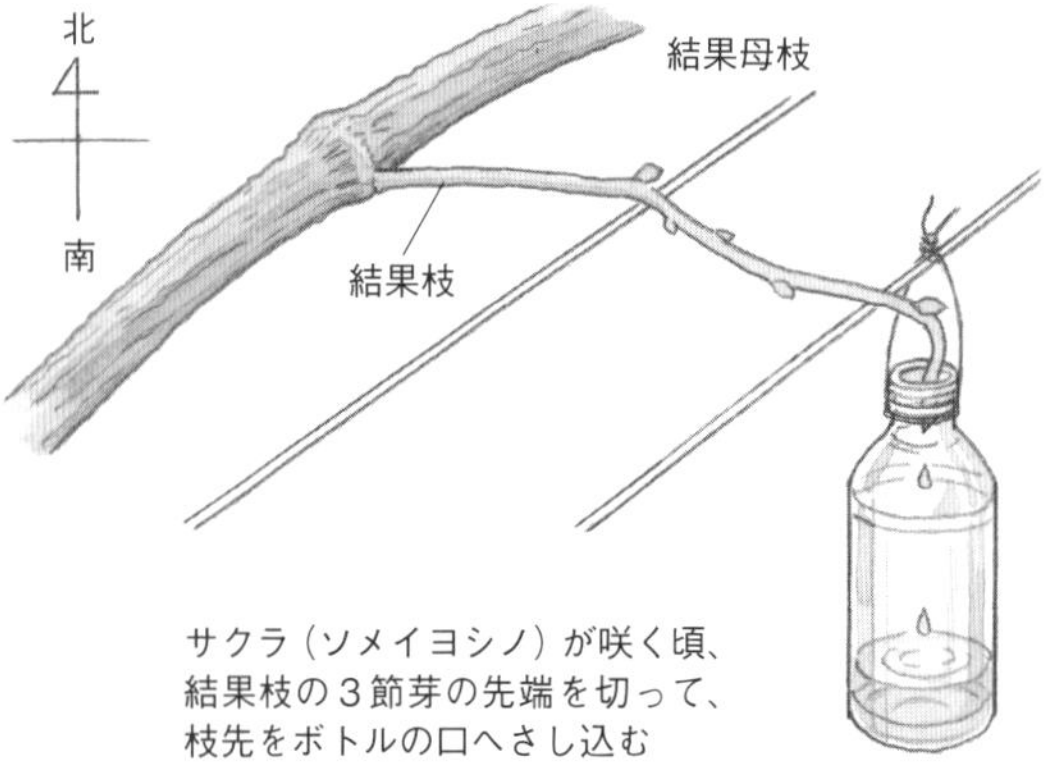

サクラ（ソメイヨシノ）が咲く頃、結果枝の3節芽の先端を切って、枝先をボトルの口へさし込む

ブドウジャムをつくる

甲斐美麗《かいみれい》（品種名）**のジャム**

右の瓶が①タネありブドウでつくったジャム、左が②粒の形を残してつくったコンフィチュール（ジャム）

ブドウの皮には血液をさらさらにするポリフェノールが多く含まれているので、皮もいっしょに煮るブドウジャムには薬効が期待できます。

［材料］
ブドウ　3～4房（約1kg）
グラニュー糖　約300g
レモン汁　大さじ2杯

❶タネありブドウの場合は、房から粒をはずし、よく洗ってからほうろう鍋に入れ、弱火で10分ほど煮ます。裏ごしして種を取り、鍋に戻して砂糖（果実の30％前後）とレモン汁を加えて煮、仕上げます。

❷粒の形を残す場合は、よく洗った粒を半分に切って種を取り、皮をむき（皮は「お茶パック」などで包む＝皮パック）、砂糖とレモン汁を加え、色づけに皮パックを戻して煮て、色よく仕上げます。

濃縮ブドウジュースをつくる

よく洗ったブドウを１粒ずつはずし、ほうろう鍋に入れ、弱火で10分ほど煮る

ボウルに万能こし器をのせ、かたく絞ったさらしを敷いて果汁を流し入れる

こした果汁を洗ったほうろう鍋に戻し、グラニュー糖を加えて果汁が2/3量くらいになるまで弱火で煮詰める

おろしぎわにレモン汁を加えるとできあがり

煮沸殺菌した瓶に保存する

どの品種でもブドウジュースはできますが、紫黒色や赤色のブドウ（タネありでも可）のほうが色があって、美しく仕上がります。

［材料］

ブドウ　3〜4房（約1kg）

グラニュー糖　適量

レモン汁　大さじ2杯

❶ブドウをきれいに水洗いし、房から粒をはずしてほうろう鍋に入れ、弱火で10分ほど煮ます。汁が濃いブドウ色になります。

❷ボウルに万能こし器をのせ、かたく絞ったさらしを敷いて、この中に①を流し入れてこします。

❸汁を鍋に戻して弱火にかけ、甘みが弱ければ、グラニュー糖を加えて煮詰め、おろしぎわにレモン汁を加えてできあがり。保存する場合は、煮沸殺菌した瓶に入れて冷蔵庫へ。

自家製ブドウの楽しみ方④

ワインゼリー（ジュレ）をつくる

自家製ブドウジュースを使って、見た目も涼やかな夏のプチデザート、ワインゼリー（ジュレ）をつくってみましょう。

［材料］

自家製ブドウジュース	300㎖
グラニュー糖	40g
ゼラチン	5g
湯（80℃）	20㎖

❶ゼラチンは湯にふり入れて、ふやかしておきます。

❷ほうろう鍋に自家製ブドウジュースとグラニュー糖を入れて温めます。グラニュー糖が溶けたら火を止めて、①を入れて完全に溶かします。

❸粗熱を取ってから好みの容器に流し込み、冷蔵庫でよく冷やして固めます。

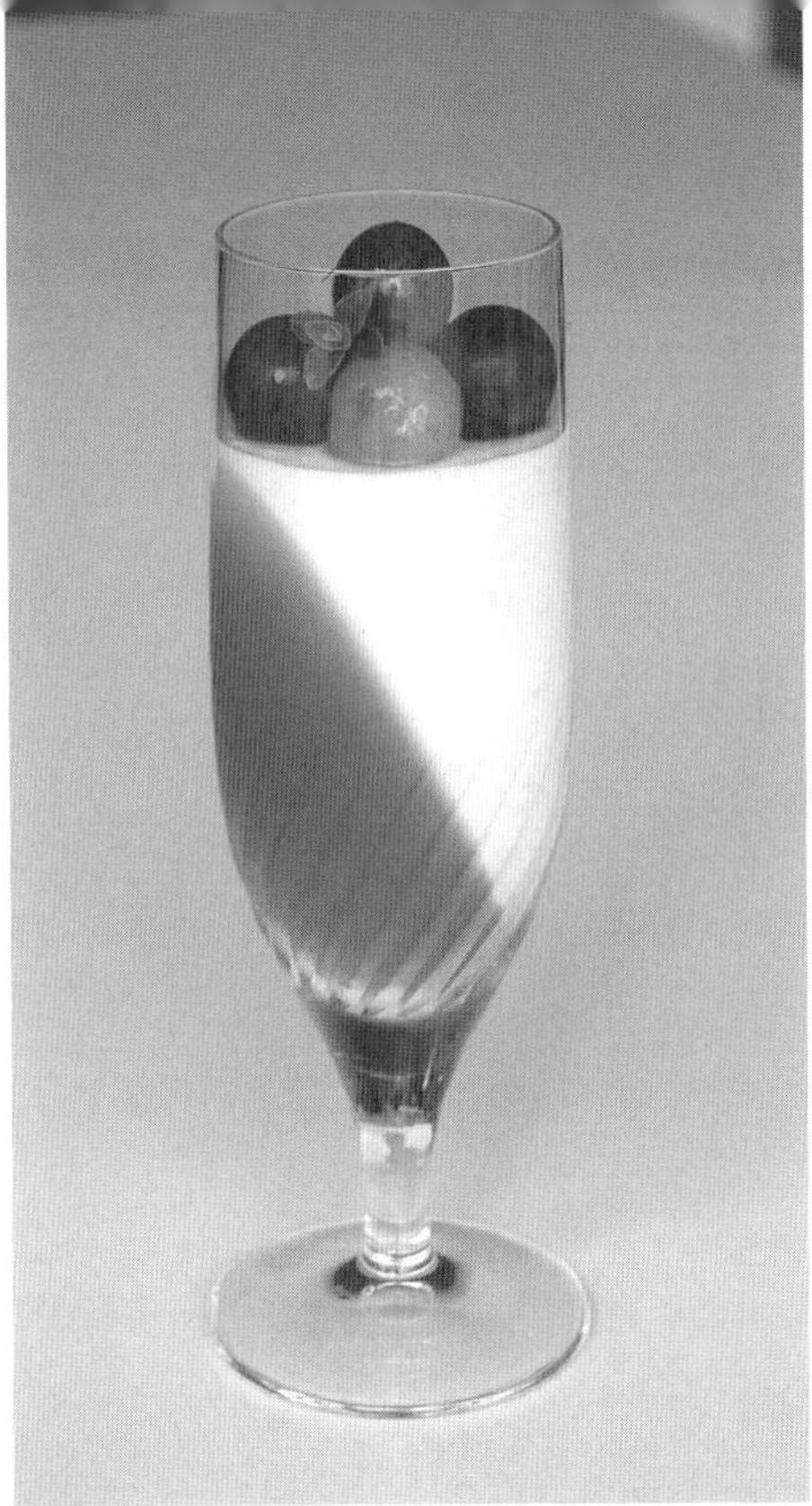

竜宝（品種名）**のレサン・ベリーヌ**

レサンはフランス語でブドウ、ベリーヌとはカップに入ったデザートのこと。ブドウの皮からジュースを、果実からピューレを取り、きれいなブドウ色のジュースゼリーと、フレッシュピューレの贅沢《ぜいたく》なムースの２色で仕上げたかわいいグラスデザート！

冷凍ブドウ

真夏の暑い日は、ブドウを家庭の冷凍室で冷凍しておくと、ひと味違うシャーベット感覚で、おいしく食べられます。また、冷凍しておくと長期にわたって保存できるので、ヨーグルトやフルーツサラダに添えたり、スイーツの材料などに、いつでも利用できます。

ブドウの皮がかたいと感じたときは、少し解凍させてから皮をむくと、スルリとむけます。

アルコール度数1%未満の ワインをつくる

ワインには赤・白・ロゼがあります。赤ワインは、赤ブドウをつぶして、皮や種も果汁といっしょに発酵させ、皮の色素が赤ワインの色となります。一般的には辛口で、赤ワイン独特の渋みとコクがあります。

白ワインは、青ブドウだけでなく赤ブドウからもつくれます。赤ブドウを使う場合、つぶしてから皮と種を取り除いて、果汁だけを発酵させます。すっきりした味わいのワインで、甘口から辛口まであります。

ロゼワインは、赤ブドウを使い、皮も種もいっしょに発酵させ、途中で皮と種は引き上げます。そのタイミングと品種によって、色合いや味わいに違いが出てきます。

度数1%以上の酒づくりは法律で禁じられている

さて日本には酒税法という法律があり、1%以上のアルコール度数のワインのような果実酒には、1kℓ当たり5万6500円が課税され、また糖分を加えた甘味果実酒といわれるものには9万8600円も課税されます。

したがって、ここでは1%に満たないアルコール度数のワインづくりのお話をします。

実際に家庭でワインをつくる場合、栽培しやすく、しかもワインを醸造する適期に収穫できる代表品種が黒ブドウのマスカット・ベリーAです。主に生食用に栽培されている品種はワイン用には使われませんが、このベリーAは生食にもワインにも向く便利な品種です。

アルコール度数を抑えた自家製ワインのつくり方

ブドウにはブドウ糖が含まれており、この糖はブドウの表面に元々付着している酵母菌でアルコールに変えられます。

ワインづくりは、温度管理が重要です。18～26℃が適温なので、時期的には春か秋がよいでしょう。

❶まず、収穫するブドウはできるだけ色が黒く、少し乾きぎみの熟したものを選びます。

❷そのブドウを軽く洗い、小枝つきの房ごとボウルに入れ、手でつぶします。種も入れます。種に含まれるタンニンが赤ワインの味に欠かすことのできない渋みを出すからです。

度数1%未満のワインのつくり方

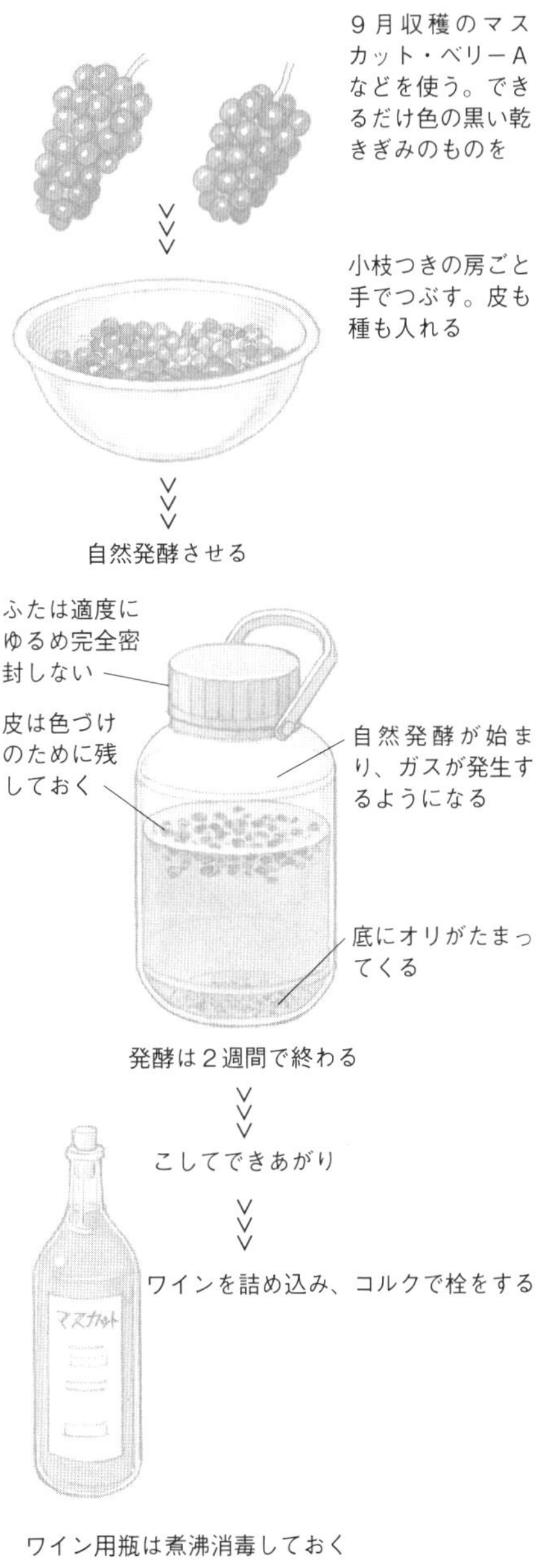
9月収穫のマスカット・ベリーAなどを使う。できるだけ色の黒い乾きぎみのものを
小枝つきの房ごと手でつぶす。皮も種も入れる
自然発酵させる
ふたは適度にゆるめ完全密封しない
皮は色づけのために残しておく
自然発酵が始まり、ガスが発生するようになる
底にオリがたまってくる
発酵は2週間で終わる
こしてできあがり
マスカット
ワインを詰め込み、コルクで栓をする
ワイン用瓶は煮沸消毒しておく

❸果実酒用の瓶に②を移し替え、完全密封せずにゆるめにふたをしておく。ブクブクと泡が出て発酵し始めます。

発酵は2週間くらい続き、底にオリがたまってきて、ワインは完成に近づきます。

＊発酵とは、糖分が酵母でエチルアルコールと二酸化炭素に分解されることです。

$$C_6H_{12}O_6 \rightarrow 2CH_3CH_2OH + 2CO_2$$

糖分がなくなるまで発酵させるとアルコール度数が高くなり、辛口になってしまいます。逆に発酵を途中で止めると、アルコール度数の低い甘口のワインができます。

強制的に発酵を止めるときは、60℃くらいのお湯に30分くらい浸《つ》けるか、冷蔵庫で低温貯蔵します。

＊本格的なワインづくりでは、手順③で砂糖10%程度とワイン酵母（ワイン用イースト菌）を加えるのですが、ここではアルコール度数が上がりすぎるので入れません。自然の発酵のみで行います。

❹これで、ワインの完成です。煮沸消毒した瓶に詰め、コルクで栓をします。自分がつくった世界で1本だけのワインは、格別の味になることでしょう。

＊くれぐれも発酵のしすぎによるアルコール度数の上昇には注意して、1%未満になるようにします。

Column

ブドウの新品種はこうして生まれる

意図的に雄花と雌花の受精を行って種子をつくり、そこから発芽させて、生育の様子と果実品質を見極めて、商品価値のあるものを作出する作業を育種といいます。

ブドウは、果樹の中でも柑橘《かんきつ》類についで育種がさかんに行われています。とくに、旧国立の果樹試験場（現在は独立行政法人）や各県の試験研究機関では、ブドウや柑橘類など多くの果樹の育種が行われています。

苗木の生産は接ぎ木か挿し木で

ブドウの場合、ほとんどが両性花といって、構造上、1つの花の中に、オス（雄《ゆう》ずい）とメス（雌《し》ずい）が存在するもので、自身の花粉で受精をし、種子を形成すると同時にまわりの果肉が太ります。こうしてできた種子をまくとできるブドウは、親品種とは違う特性をもったものになりますが、たいていの場合、親品種よりも品質の劣るものになるので、安定的に良質のブドウ果実を収穫するには、接《つ》ぎ木または挿し木によってできた苗木を用いています。

根気よく親品種を組み合わせる

育種を行うとする場合、何かしらの目標をもって行いますが、その目標はさまざまで、糖度の上昇、果粒の大玉化、果皮色の変化、食味の向上、タネなしブドウといった果実の変化や、耐寒性の向上、樹勢の強弱、耐病性、耐光性の増強といった植物体自体を変化させるなど、さまざまです。

これらすべての目標を、一度の育種で変化成果を得られることはなかなかむずかしいことですが、根気よく年月をかけて親品種の組み合わせを変えながら行っていくと、希望のオリジナル品種をつくることは夢ではありません。

自身の花粉で受精させない

実際には、ブドウの花が開花する前に、花冠《かかん》といわれる、花全体を覆っているキャップをピンセットなどで人工的にていねいに外します。

中にある雄ずいを同じくピンセットですべて取り除き、自身の花粉では受粉しないように作業をします。この作業をキャストといいます。

雄ずいをすべて取り除き、雌ずい（花柱）のみ残されたものに小さなポリ袋をかぶせて、交配する品種の花粉以外は受粉できないようにしておきます。

希望する別品種から採取した花粉を、このポリ袋で覆った花柱の柱頭に付着させて受粉させ、うまく結実させて種子を採ることができれば、この種子をまいて未知なる新品種をつくることができます。

それらをすべて数年かけて結実させ、できた果実の特徴を検証し、みごと目標とするものができあがれば、その枝を挿し穂にして挿し木や接ぎ木をすることで、遺伝的に安定したブドウを半永久的につくり続けることができます。

種のまき方

採種：秋にブドウが完熟してきたら、種を採ってきれいに洗う
まく時期：9～12月、3～4月

土を乾燥させないように、ときどき水を与える

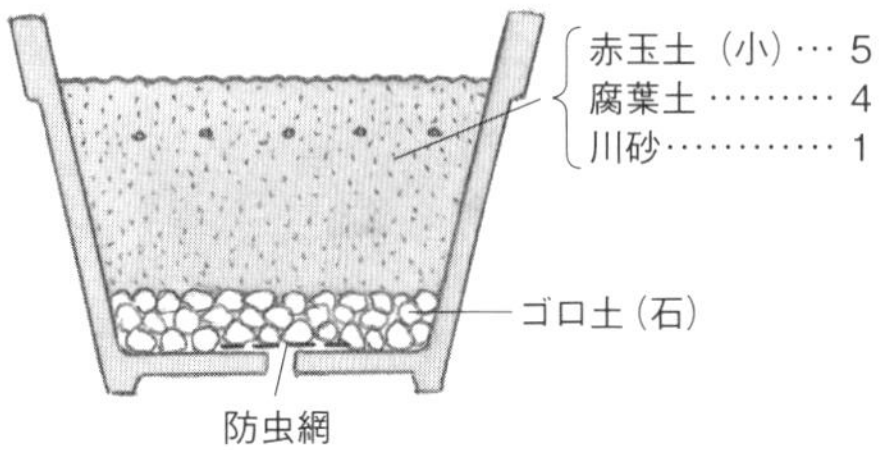

翌年の春に芽が出てくるので、そのまま鉢で育て、２年目の春に大きな鉢か庭に植え替える。早ければ４～５年で初果実がみられる

挿し木でふやす

挿し穂の準備：充実した一年生の枝を、落葉した直後の晩秋から初冬にかけて、30～50㎝の長さに切り取る。ビニール袋に入れて乾燥させないように密封し、貯蔵しておく。
挿し木の時期：３月中旬～４月上旬

挿し穂のつくり方：貯蔵しておいた枝を２～３芽をつけて切る

挿し方：挿し穂をゴロ土に達するくらい挿し、芽は地上部に出るようにする

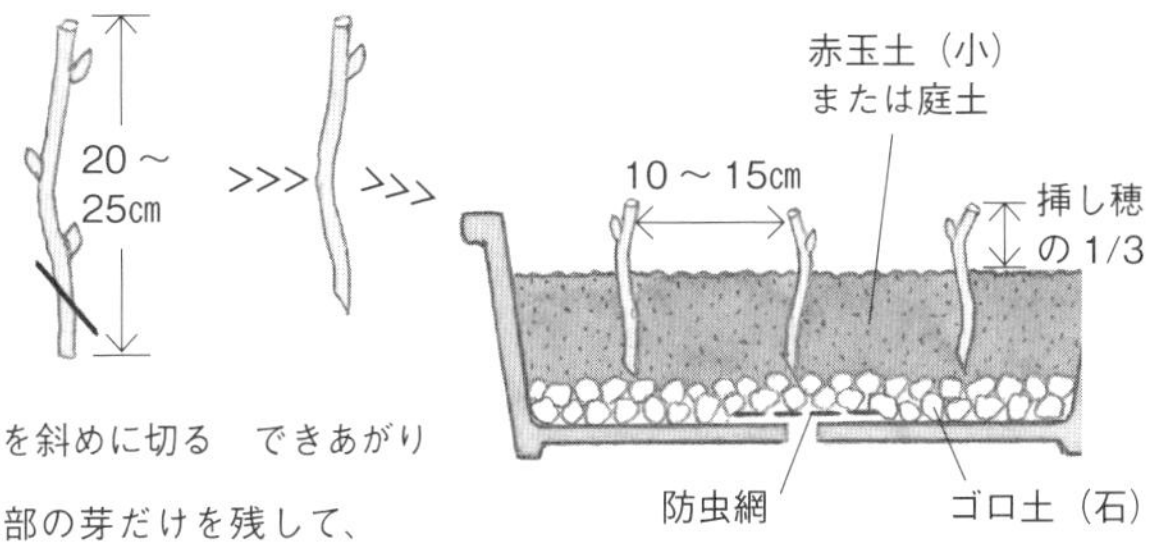

下端を斜めに切る　できあがり

最上部の芽だけを残して、ほかの芽はすべてかき取る

発芽してきたら、日当たりのよい場所に移し、土を乾燥させないように水やりをする

デザイン	西野直樹（コンボイン）
イラスト	落合恒夫
編集協力	小町修三（コスモヒルズ）
写真提供	伊藤善規　公文健太郎　早田 均　平井是平 山陽農園　天香園　ツミヤマ株式会社（葡萄館） ひるぜんワイン有限会社　山梨県果樹試験場 山梨大学ワイン科学研究センター 家の光フォトサービス
撮影協力	オープンガーデン「猫の散歩道」 杉本明美（パティシエ）
DTP 制作	ニシ工芸（株）
校正	（有）かんがり舎

家庭でできる
おいしい
ブドウづくり
12か月

2012年11月 1 日　第 1 版発行
2021年 6 月10日　第10版発行

著　者　大森直樹
発行者　関口 聡
発行所　一般社団法人 家の光協会
〒162-8448　東京都新宿区市谷船河原町11
電話　03-3266-9029（販売）
03-3266-9028（編集）
振替　00150-1-4724
印　刷　図書印刷株式会社
製　本　図書印刷株式会社

落丁・乱丁本はお取り替えいたします。
定価はカバ　に表示してあります。

©Naoki Omori 2012 Printed in Japan
ISBN978-4-259-56385-1 C0061

●著者紹介

大森直樹（おおもり・なおき）

1958年生まれ。岡山大学自然科学研究科修士課程修了。ニュージーランドでの果樹栽培の留学を経て、岡山県赤磐市で果樹苗木販売を営む㈱山陽農園を継ぐ。農家への栽培指導や博覧会等のイベント参加、NHK「趣味の園芸」講師なども務め、家庭園芸としての果樹栽培の研究を行っている。著書は『はじめての果樹ガーデン―自宅でできる簡単フルーツの育て方』（成美堂出版 2007）、『別冊NHK趣味の園芸　鉢で育てる果樹 ― 植えつけから実がなるまで』（NHK出版 2010）、『決定版　はじめてでも簡単 おいしい家庭果樹づくり』（講談社 2010）

苗木の問い合わせ先

果樹苗木の専門店
LA-FRUTA（ラ・フルータ）
www.la-fruta.jp

タキイ種苗（株）通販係
〒600-8686　京都府京都市下京区
梅小路通猪熊東入
TEL 075-365-0140　FAX 075-344-6707
http://shop.takii.co.jp

（株）天香園
〒999-3742　山形県東根市中島通り1-34
TEL 0237-48-1231　FAX 0237-48-1170
http://www.tenkoen.co.jp